W0086998

Die Jahre 1951–1952: Wo ein Genosse ist, ist die Partei

Sternstunden des DDR-Humors

1951–1952

Wo ein Genosse ist, ist die Partei

Eulenspiegel

Inhalt

Wie war das damals ...

... als galt: »Wo ein Genosse ist, ist die Partei«? Und auch: »Die Partei, die Partei, die hat immer recht«? Die Sozialistische Einheitspartei, die »führende Kraft« in der jungen Deutschen Demokratischen Republik, arbeitet noch an einem »geeinten Deutschland«. Jenseits der Demarkationslinie sieht man das anders. Bundeskanzler Adenauer lehnt Otto Grotewohls Vorschlag ab, einen Gesamtdeutschen Konstituierenden Rat zu bilden. Auch der wenig später ergehende Appell der Volkskammer an den Bundestag: »Deutsche an einen Tisch!« ändert nichts an Adenauers Meinung: »Lieber das halbe Deutschland ganz als das ganze halb.« Ein Jahr später, auf der II. Parteikonferenz, erklärt die SED, alle Kraft auf den historischen Sieg über den »sterbenden, faulenden, parasitären Kapitalismus« zu richten: Von nun an wird »planmäßig der Sozialismus aufgebaut«. Während »drüben« das Wirtschaftswunder noch in den Kinderschuhen steckt, arbeitet man hierzulande nach dem ersten Fünfjahrplan. Im Juli 51 werden die Arbeitsämter abgeschafft. Es gibt genug Arbeit – und Ämter auch. Mit dem Plan erblickt auch eine Berufsgruppe das Licht der sozialistischen Welt, die in den folgenden vier Jahrzehnten wichtige Schlüsselpositionen besetzt: Bilanz-Friseure. Plan lesen – Ziel verfehlen – Bilanz frisieren. 17 Millionen Hiergebliebene wissen dies und nehmen es hin, es geschieht ja zu ihrem Wohl. Am 21. Dezember 1952 – dem 74. Geburtstag von Josef Stalin – startet das »öffentliche Fernsehversuchsprogramm«. Fernsehgeräte vom Typ »Leningrad« aus dem Sachsenwerk Radeberg gibt es seit kurzem im Handel. Von nun an liefert die »Aktuelle Kamera« mit ihrem ersten Sprecher Herbert Köfer täglich die Erfolgsmeldungen über den sozialistischen Aufbau. Der ist auch Thema im Magazin »Frischer Wind«, das im Verständnis von »positiver Satire« vorsichtige Spitzen gegen übereifrige oder behäbige Genossen, Schlendrian und Selbstüberschätzung abschießt. Als frühe Sternstunden des Humors präsentieren sich die Geschichten von Erich Hanko, Fritz Bernhard, Lothar Kusche, E. R. Greulich, John Stave, Ralph Wiener und anderen. Aber lesen Sie selbst: Ich verspreche Ihnen einen aufschlußreichen geschichtlichen Rückblick und allerbeste Unterhaltung.

Olaf Waterstradt

Vereint erfüllen wir unseren Friedensplan

1. Kapitel

Wo ein Genosse ist, ist die Partei

Die Sozialistische Einheitspartei Deutschlands, 1946 im Zusammenschluß von KPD und SPD entstanden, definierte sich als führende Kraft beim Aufbau des ersten **Arbeiter-und-Bauern-Staates** auf deutschem Boden. In der Verfassung von 1968 hält Artikel 1 fest: »Die Deutsche Demokratische Republik ist ein **sozialistischer Staat** der Arbeiter und Bauern. Sie ist die politische Organisation der Werktätigen in Stadt und Land unter der Führung der Arbeiterklasse und ihrer **marxistisch-leninistischen Partei**.« Der Volksmund bringt es in den beliebten Anfragen an den Sender Jerewan auf den Punkt. Frage: »Kann die Partei auch irren?« Antwort: »Im Prinzip ja, aber Sie irrt nie!« Frage: »Woher wissen Sie das so bestimmt?« Antwort: »Wir haben die Partei gefragt!« Hauptsächlich in **Betriebsparteigruppen** organisiert, hat die Partei rund 2 Millionen Mitglieder aus allen sozialen Schichten. **Haupt- und ehrenamtliche Parteisekretäre** kümmern sich um die ideologische Linie und die Verbindung zu den werktätigen Massen. Damit auch jeder Genosse den hohen Anforderungen an eine führende Kraft genügt, gibt es regelmäßig **Parteiversammlungen** und **Parteilehrjahre**. Da sieht das Fazit schon mal so aus: »Der Partei verdanke ich die schönsten Abende.« – »Du bist doch gar nicht in der Partei!« – »Ich nicht, aber meine Frau.«

U. Gatz

Aus 11 mach 37

Die elf Lehrer der Schule waren am Ende ihrer Versammlung. Da hielt sie der stellvertretende Schulleiter noch einen Moment auf: »Kollegen! Über die Bedeutung der Hackfruchteinbringung brauch ich nicht lange zu sprechen, Kurz: Wer kommt am Sonntag mit zu unserer Paten-LPG zum Rübenroden?« Alle elf Kollegen erklärten sich bereit.

Und am Montag kam das Nachspiel. Nein, nicht der Muskelkater, immerhin sind die Fachlehrer aus der Produktion.

Die FDJ-Kreisleitung: »Hallo! Dort Berufsschule N.?«

»Ja.«

»Wieviel FDJler waren am Sonntag von euch zur Hackfruchternte? Ja, ja, freiwilliger Einsatz.«

»Alle elf Lehrer.«

»Alle in der FDJ?«

»Ja.«

»Also dann elf FDJler!«

Die FDGB-Kreisleitung: »Hallo! Dort Berufsschule N.?«

»Ja.«

»Wieviel Gewerkschafter waren gestern zum freiwilligen Einsatz in der Hackfruchternte?«

»Alle elf Lehrer.«

»Alle Gewerkschaftsmitglieder?«

»Ja.«

»Also dann elf Kollegen des FDGB.«

Die SED-Kreisleitung: »Hallo! Dort Berufsschule N.?«

»Ja.«

»Wieviel Genossen waren gestern von euch zur Hackfruchternte?«

»Elf Lehrer, davon vier Genossen.«

»Also vier Genossen.«

Rat des Kreises. Abt. Arbeit und Berufsausbildung: »Hallo! Dort Berufsschule N...?«

»Ja.«

»Wieviel Lehrer hattet ihr gestern in der Rübenrodung eingesetzt?«

»Alle elf.«

»Also elf Lehrer, das sind ja alle. Na gut, danke.«

Die Heimatzeitung faßte die vier Berichte zu einem zusammen:

»Wie viele Witze gibt es eigentlich über Walter Ulbricht?«
»Gar keinen. Sie sind alle wahr.«

»Am Sonntag, dem ... nahm das gesamte Personal der Berufs-
schule N. an der Rübenrodung teil. 37 Angestellte, darunter 11
FDJler, 11 Gewerkschafter, 11 Lehrer und 4 Genossen unserer
Arbeiterpartei, halfen den werktätigen Bauern ihrer Paten-LPG
S. Durch den vorbildlichen Einsatz konnten die Rüben hun-
dertprozentig eingebracht werden.«
Und die Bauern der LPG?
Die lachten und fuhren noch drei Tage Rüben ...

Der Schwätzer

Ich sehe alles im Zusammenhang
und glaube, daß ich von mir sagen darf,
daß ich sehr tief in den Marxismus drang.
Drum stelle ich die Fragen auch so scharf!

Ich las in einem Tag das »Kapital«,
das heißt zwar nur die Inhaltsübersicht.
Doch wuchs mein Wissen dadurch kolossal,
mein Wort hat jetzt das doppelte Gewicht!

Ich schneide furchtlos die Probleme an,
um sie auf breiter Basis durchzuziehn.
Ich sage oft und gern so laut ich kann:
Ich kämpfe nun nach Marxens Theorien!

Man hört ja oft davon im Schulungsraum.
Ich gehe allerdings nur selten hin,
denn alle Fragen lös ich wie im Traum,
weil ich entsprechend vorgebildet bin!

Ich zähle mich zum Vortrupp unsrer Zeit
und brauche nie mehr in ein Buch zu sehn.
Denn Theorie ist eine Kleinigkeit,
wenn ich nur weiß, wie scharf die Fragen stehn.

Nils Werner

*»Nicht vergessen, Kolle-
gen: Nach Feierabend
machen wir eine Sit-
zung, auf der ich euch
von den anderen 25
Sitzungen berichten
werde!«*

John Stave

Frau Holle

»Laß Elli runter!« sagte der Parteisekretär zu Kulicke, der für den Vorhang und so weiter verantwortlich war.

Kulicke drückte auf einen Knopf, irgend etwas surrte, und dann kam Elli Naumann, unsere BGL-Vorsitzende, vom Schnürboden herabgeschwebt. Sie hing an einem verdeckten Seil und ruderte ein bißchen mit den Armen, um in eine bessere Lage zu gelangen. Mit der einen Hand hielt sie krampfhaft das Manuskript fest.

Auf der linken Seite der Bühne hatte die Betriebscombo Platz genommen und spielte ein Weihnachtsliederpotpourri. »Stille Nacht«, »Morgen, Kinder«, »Eine Muh, eine Mäh« und »Vom Himmel hoch«. Das war dann auch das Stichwort für den Parteisekretär.

Die Saaltüren öffneten sich und sechs Weihnachtsmänner mit Schubkarren kamen hereinmarschiert.

Im Saal saßen die Kinder dichtgedrängt. Es herrschte atemlose Spannung. Man wußte, gleich würde die Bescherung losgehen.

Die Idee mit dem Herunterschweben stammte von Elli selbst. Anläßlich eines Aufenthaltes in Moskau hatte sie begeistert eine ähnliche Attraktion im Bolschoitheater beim Ballett »Giselle« miterlebt. Nun hing sie in den Pappwolken und hielt von oben ihre Ansprache an die Kinder. Dann schüttelte Elli die Betten aus, wobei Kollege Lauterbach, unser bester Neuerer, künstlichen Schnee fallen ließ.

Elli Naumann trat in einem Kostüm als Frau Holle auf. Sobald sie den Boden erreichte, sollten an den Seiten die Saaltüren aufgehen und Männer unserer Transportkolonne die Kisten mit den Geschenken hereinkarren.

380 Kinder waren der Einladung gefolgt. Etwa 12 Elternteile saßen zwischen den Kindern in den Stuhlreihen. Der Höhepunkt der Kinderweihnachtsfeier, das Herunterschweben der BGL-Vorsitzenden, war zwar geheimgehalten worden, aber schließlich doch durchgesickert.

Der Vorgang war im Detail mit der Arbeitsschutzkommission abgesprochen. Der Vorsitzende hatte sich ein paarmal selber hoch- und runterbewegt und keine Bedenken geäußert. Auch die Betriebsärztin, Frau Dr. Matztopf, hatte keine Einwände geltend gemacht. Die Haltbarkeit des Seils war mit einem Zweizentnersack halber gelber polierter Erbsen aus der Werkküche getestet worden. Elli Naumann wog nur 146 Pfund brutto.

Die Kollegen der Transportkolonne hatte man als Weihnachts-
männer verkleidet. Sie standen auf den Gängen herum und
warteten auf ihr Einsatzzeichen.
Als Elli Naumann sich 2,80 Meter über den Brettern, die die
Welt bedeuten, befand, hörte das Surren auf. Das Seil war zum
Stehen gekommen.
Der Parteisekretär sah verunsichert zu Kulicke: »Was ist
denn?« fragte er. »Laß sie weiter runter, bis auf den Boden,
Mensch!«
»Ich weiß auch nicht«, sagte Kulicke und
begann etwas zu schwitzen. »Es geht
nicht mehr!«
Im Publikum trat Unruhe auf. Die ersten
Lacher wurden laut. Die Kinder klatschten
in die Hände.
Die BGL-Vorsitzende begann sich langsam
zu drehen. Sie ruderte mit den Armen. Als
sie einmal mit dem Rücken

zum Saal hing, rief sie verbittert: »Kulicke,
du Schweinehund, das machst du mit Absicht!« Kulicke trat hinter der Seitenver-
kleidung hervor, breitete die Arme aus
und beteuerte: »Das würde ich mir so kurz vor der Jahresend-   *»Einmal rasieren, bitte!«*
prämie nie erlauben, Kollegin Naumann!«
Obwohl im Saal niemand etwas verstanden hatte, brandete Beifall auf. Daraufhin öffneten sich die Saaltüren, und sechs Weihnachtsmänner mit Schubkarren kamen hereinmarschiert.
Die Aufmerksamkeit der Kinder im Saal wurde augenblicklich
von der schwebenden BGL-Vorsitzenden abgelenkt. Alles bestürmte und umlagerte die sechs Weihnachtsmänner.
»Kurt«, rief Elli Naumann dem Parteisekretär zu. »Wenn du
nicht sofort eine Maßnahme ergreifst ...«
»Sag mir, was ich machen soll!«
Kulicke sagte: »Ich kann höchstens das Seil kappen!«
»Kannst du sie nicht wieder hochziehen?« fragte der Par-
teisekretär und tupfte sich mit dem Taschentuch die Stirn ab.
»Es geht weder vor noch zurück«, sagte Kulicke. »Der Elektri-
ker muß her!«
»Ich hab's«, rief der Parteisekretär erfreut aus. »Alarmiert die
Betriebsfeuerwehr!«
Die Weihnachtsmänner der Transportkolonne hatten ihre Säcke
den Elternteilen und den Kindern überlassen. Es herrschte ein
tolles Durcheinander. Einer der Weihnachtsmänner war zur

Rampe gekommen und sah belustigt zur guten Elli hinauf. »Kennst du den Unterschied zwischen einer weichen und einer harten Landung?« flachste er mit verstellter Stimme und lachte hämisch.

»Warte nur«, zischte Elli Naumann. »Eines Tages reiße ich dir die Maske vom Gesicht!« und drehte ab.

Die Kollegen der Betriebscombo saßen stillvergnügt in ihrer Ecke und tranken Flaschenbier. Einer hatte sich einen Helm aufgesetzt. Er war Mitglied der Betriebsfeuerwehr. Das Martinshorn erscholl. Der Parteisekretär strahlte: Vom Alarm bis zum Eintreffen der Wehr waren nur gute fünf Minuten vergangen. Der Leiter der Wehr hatte die Situation sofort erkannt. »Fünf Mann und die Herren von der Kapelle ans Sprungtuch, Genosse Meier mit einer Drahtschere auf den Schnürboden!«

Im Saal herrschte Totenstille. Die Kinder hatten ihre Spielsachen vergessen, saßen mit offenen Mündern auf den Stühlen und bohrten sich vor Aufregung in den Nasen. Die Erwachsenen waren ebenfalls gespannt.

Oben auf der Bühne war Leben. Man hatte das Sprungtuch aufgespannt. Neun Männer legten sich ins Geschirr und zogen, was das Zeug hielt. Ein Mann der Combo war nicht dabei.

Feuerwehrmann Meier näherte sich mit der Drahtschere dem etwa zehn Millimeter dicken Hanfseil. Der Leiter der Wehr gab das Kommando: »Schneide Seil durch!«

Schlagzeuger Emil Wuttke rührte einen Trommelwirbel. Genosse Meier schlug die Scherengriffe zusammen, und mit einem silberhellen Aufschrei stürzte Elli Naumann in die Tiefe. Es wurde eine halbweiche Landung. Wuttke haute kräftig auf sein Becken. Dann schloß sich der Vorhang. Tosender Beifall. Ein Elternteil rief sogar: »Da capo!«

Hinterher standen sie alle auf der Bühne und verbeugten sich. Es war wie im richtigen Theater. Die Weihnachtsmänner rechts und links, im Hintergrund die Feuerwehrmänner, aber in der Mitte Elli Naumann, Star des Nachmittages, flankiert vom Parteisekretär und vom Kollegen Kulicke, dem Bühnentechniker. Lauterbach, der Neuerer, der für den Schneefall verantwortlich war und die kleine Stromunterbrechung herbeigeführt hatte, war vorsichtshalber nicht mit auf die Rampe gegangen.

»Hattest du denn gar keine Angst, Elli, als du da oben so rumgebammelt hast?« fragte Werkdirektor Campe, als er in seinem Büro einen Schnaps für die Akteure ausgab.

»I wo«, sagte Elli. »Ich hatte mich ja wie üblich an mein Manuskript geklammert ...«

Walter Ulbricht hält vor einigen SED-Genossen eine Rede. Er redet lange, und so nach und nach schlafen die meisten ein. Ulbricht gerät daraufhin in Wut und ruft: »Red ich umsonst?« Genossin Müller schreckt auf: »Wo gibt's Rettich umsonst?«

Paul Schwarz

Genossen

Der Ablenker: »Nun gut, Kollegen – ihr besteht auf einer Antwort auf eure Kritik an meiner Arbeit! – Aber vergessen wir
denn nicht ob solcher Bagatellen die großen Dinge, um die sich
gerade jetzt unser ganzes Denken und Trachten drehen sollte?
Wichtigere Dinge, von denen das Wohl, das Schicksal unseres
ganzen Volkes abhängt, müßten uns beschäftigen, Dinge, die
uns in ihrer Ungeheuerlichkeit vielleicht noch gar nicht so recht
bewußt wurden. Streckt nicht wieder der blutbefleckte Impe-
rialismus seine Krallen – die unser Volk schon einmal in die
Katastrophe stürzten – nach unseren friedlichen Heimen, Frau-
en und Kindern ...«

Der Heuchler: »Nun, Kollegen – ihr übt
Kritik an meiner Arbeit! – Gut, das ist
euer Recht! – Entfaltung von Kritik ist
wichtig – ungeachtet der Person! –
Jeder Mensch macht Fehler – auch so
ein alter verdienter Mitarbeiter wie ich
ist nur ein Mensch! Niemand ist unfehl-
bar! Nun, Kollegen, wie sagt schon Goethe? Irren ist menschlich! Bedenkt das,
Kollegen! Wie schnell ist ein ehrlicher,
verdienstvoller Genosse, der nur der
einen Sache – unserer Sache – ergeben
war, wie schnell ist so ein aufrichtiger

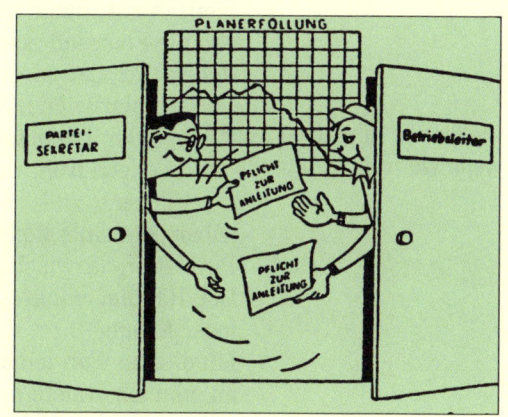

Mensch ... (Schluchzen) – Genossen, Kollegen ... (Schluchzen)
ihr kennt mich ... ich hatte eine schwere Kindheit ... unter dem
Kapitalismus ... hatte einen schweren Weg ... zu gehen ... Ich
bin noch jung. Bedenkt meine Jugend ... Jeder macht Fehler ...
O Gott! ... mein Kopf ... Genossen einen Arzt ...«

Der Dialektiker: »Nun wohl aufgepaßt, Kollegen!! Es ist nicht
so, und das wollen wir unterstreichen und konkret als Frage
von äußerster Wichtigkeit, ungeachtet der Tatsache, daß auch
sie subjektiven Betrachtungen freien Raum läßt, die ja, wie
alle wissen, gern vom Gegner als Argument ausgenutzt, Ver-
wirrung stiftend unsere ehrliche Selbstkritik von innen zer-
setzt ... ja dies wollt ich sagen, vielmehr noch mehr, noch
schärfer den Subjekten, welche den Mantel der Kritik an
meiner Person umgelegt, direkt oder indirekt, vielleicht sogar
unbewußt ...«

Ralph Wiener

Die Pirnitzer Lage

Die Kreisstadt Pirnitz könnte natürlich auch ganz anders heißen. Aber ihr gefällt dieser Name, und deshalb wollen wir sie auch weiterhin so nennen. Bereits auf der Hinfahrt bekam ich einen denkwürdigen Eindruck. Das Bahnabteil war bis auf den letzten Platz besetzt. Lauter Pirnitzer. Sie besprachen die politische Lage. Das Wort führte ein rüstiger Fünfziger, der sich später als selbständiger Trikotagenhändler entschleierte.

»Staatsbeteiligung ist auch so eine ulkige Neuerung«, sagte er, während aller Ohren auf ihn gerichtet waren. »Wir wollen doch mal ehrlich sein: Wenn heute eine Privatfirma kurz vor der Pleite steht, dann beantragt sie schnell Staatsbeteiligung – und die Eier sind gerettet.«

»Ich dachte, das wird vorher überprüft«, wagte ein junger Mann einzuwenden.

> Die Einheit sähe anders aus, wenn wir nicht so stur wären.

Der Trikotagenhändler schnappte fast über: »Die sind doch froh, wenn sich so ein verkrachter Laden anbietet.«

»Aber jedenfalls könnten Sie jetzt studieren!« rief eine ältere Pirnitzerin dazwischen. »Ich hab's in der Zeitung gelesen.«

Der Händler winkte ab. »Was heute schon Studium heißt – jeder Käse!«

Mit diesem Wort nahm das Gespräch einen eigenartigen Geruch an, und ich atmete erleichtert auf, als wir den Pirnitzer Bahnhof erreichten. Mein erster Weg war zum Friseur, da ich die Nacht durchgefahren war und bereits einige Bartstoppeln aufwies. Der Salon war voller Pirnitzer. Auch hier wurde die politische Lage besprochen. Das Wort führte der Friseur.

»Im Mittleren Osten sind wir ganz auf dem falschen Kurs«, belehrte er einen Kunden, dem er gerade die Künstlermähne bändigte. »Warum halten wir's zum Beispiel nicht mit der Türkei? Ich kann Ihnen sagen: Ein entscheidender Fehler. Wissen Sie, ich befasse mich etwas mit Weltgeschichte. Nicht beruflich, aber immerhin. Und ich bin der Auffassung, daß die Türkei ...«

»Völlig richtig«, mischte sich ein anderer Kunde mit dem Aussehen eines pensionierten Landbriefträgers ein. »Ich habe bereits im Jahr neunzehnhundertelf mit einem Manne aus Konstantinopel gesprochen, der hat gesagt: ›Wir sind die Wegscheide zwischen Europa und Asien!‹«

»Aber die Türkei ist amerikahörig!« warf ein junger Mann ein.

»Redensarten«, winkte der Friseur ab und ging zur Erörterung innenpolitischer Probleme über.

Als ich rasiert war, mußte ich erst mal einen Kognak trinken. Die Kneipe war voller Pirnitzer. Offensichtlich besprachen sie die politische Lage. Das Wort führte der Wirt.

»Heute kriegt ihr noch Pilsner«, sagte er. »Aber wenn die so weitermachen, wird alles Essig!«

»Wieso?« fragte jemand, der wohl auch erst soeben eingetreten war.

Der Wirt drehte den Bierhahn zu. »Das will ich dir erklären, mein Sohn: wegen der Valuta, alles wegen der Valuta.«

»Was hat denn diese Caterina Valuta mit deinem Bier zu tun?« fragte ein Schlagerfreund.

Der Wirt sperrte tonlos den Mund auf. Dann brachte er dem Zwischenrufer ein Gläschen. »Hier, trink nen Schnaps, da wird dir wieder wohler.«

Nach dieser Unterbrechung erläuterte der Wirt eine halbe Stunde lang die innenpolitische Situation. »Die Einheit sähe anders aus«, erklärte er abschließend, »wenn wir nicht so stur wären.«

»Ich denke, der Adenauer war stur?« warf ein junges Mädel ein, das ein paar Flaschen Bier holte.

»Töchterchen«, brummte der Wirt, »was Sie dir in der FDJ erzählen, in allen Ehren. Aber die Wahrheit sieht anders aus. Überleg dir mal: Wir sind für den Frieden, immer für den Frieden, dauernd für den Frieden. Na, ist das etwa nicht stur?«

Das Mädchen nickte nachdenklich.

»Und nun kommt das Tollste«, fuhr der Wirt fort. »Der Eisenhower ...«

Ich zahlte und verließ fluchtartig den Raum. Draußen ging gerade der Sekretär der Nationalen Front vorbei.

»Friedensfreund«, rief ich aufgeregt. »In Ihrem Ort müßten unbedingt mal Aussprachen mit der Bevölkerung stattfinden.«

»Hat keinen Zweck«, seufzte der Sekretär und winkte ab. »Die Pirnitzer Lage ist in dieser Beziehung ganz mies.«

»Wieso?« fragte ich verwundert.

Der Sekretär zuckte resigniert die Schultern: »Na, weil sich bei uns keiner für Politik interessiert.«

H. J. Stein

Der Irrtum

Der Vorhang fiel, das Stück war aus, und die Leute klatschten
Beifall. Dann begann eine Diskussion. Just in diesem Moment
schob sich Anton Jauler in den Saal. Er hatte an der Theke mehrere Biere und Schnäpse verzehrt, verfügte über ein umfang-
reiches Schlagwortregister aus dem großen Brockhaus und
hielt ein Fortbestehen der Welt ohne sein Zutun für unmöglich.
Außerdem – niemand wußte recht wo und wofür – war er Funk-
tionär. Nachdem er den Saal betreten hatte, nahm Jauler mit
Besitzermiene auf dem Podium Platz. Er räusperte sich und begann zu reden. Als Meister der Rede konnte er
zwanzig Minuten über Grünkohlzucht, die Rolle
der SPD und die Wichtigkeit der Krankenpfle-
ge sprechen. Heute sprach er über Kunst. »Also
Kollegen, wie steht die Frage? Es muß mal grundsätzlich an-
gesprochen werden, wie die Frage steht. Nun, die Frage steht
so: Was gibt uns Schillers Egmont heute?«

> Der real-politisch-ökonomische Gehalt
> des Stückes ist nicht erkannt worden.

Ein leises Raunen machte sich im Saale bemerkbar, Jauler fuhr
fort: »Kollegen, bitte um Ruhe. Gewiß ist die Bespielungsfrage
im Zusammenhang mit der Frage der Programmabrollung eng
verbunden. Darüberhinaus darf aber nicht die Frage der Initia-
tivergreifung außer Acht gelassen werden. Wer das tut, liegt
schief. Nach langen Studien unseres klassischen Kulturerbes
habe ich nun festgestellt, daß die heutige Egmont-Aufführung
schief liegt. Was heißt das? Der real-politisch-ökonomische Ge-
halt des Werkes ist nicht erkannt worden. Eindeutig ist bewie-
sen, daß das hehre Ethos des Werkes nicht klar ausgedrückt
worden ist. Euer Bewußtsein hat Lücken.« Um seinen Worten
Nachdruck zu verleihen, schlug er mit der Faust auf das Podium, die Leute begannen zu lachen, und Jauler lief rot an.

Immer noch lachend, riefen Arbeiter aus dem Saal: »Sag mal,
Kollege Jauler, kennst du das Stück?«

Jauler wurde böse. »Ich verbitte mir diese Angriffe«, rief er,
»natürlich kenne ich es. Egmont gehört ja schließlich zum All-
gemeinwissen.«

Der Arbeiter wurde ernst und sprach in entschuldigendem Tone
weiter: »Bitte Kollege Jauler, nimm es mir nicht übel, aber – du
warst den ganzen Abend anwesend?«

Jauler war einer Explosion nahe. Schreiend rief er: »Ich verbit-

Die Kommission

te, mir diese Angriffe! Schließlich habe ich mich nicht umsonst jahrelang mit allem möglichen beschäftigt. Keiner kann daran tippen. Ich versuche, euch an das Werk heranzuführen, und Ihr sabotiert meine Bemühungen. Was sagt Ihr denn zu der Egmont-Aufführung?« Erschöpft sank der wackere Kämpe auf einen Stuhl.

Der Arbeiter aber, leise, wie um Entschuldigung bittend, entgegnete: »Du hast recht, Kollege Jauler, wir können noch nicht über die heutige Egmont-Aufführung sprechen. Die Schauspieler haben nämlich heute abend in Abänderung des Programms ›Dreißig Silberlinge‹ von Howard Fast aufgeführt.«

W. K. Schweickert

Fünfzehn müssen es sein

Es ist Abend. Über dem Fluß liegt dichter Nebel. Der Fährmann sitzt vor seiner Baracke. Da ruft es vom anderen Ufer her: »Hallo! Fährmann!« – »Is'n los?« ruft der Fährmann zurück. »Übersetzen! Hier ist Kirmse!« – »Die Fähre geht erst in 'ner Stunde, und wegen einer Person setze ich vorher nicht über!

»Ihr zieht um?« – »Nein, wir gehen ins Kino!«

Wenn fünfzehn Personen zusammen wären, käme ich vorher! Ihr müßtet dann rufen!« – »Hier ist der Brigadeleiter der MAS Neuntal!« – »Zwei nützen nichts! Fünfzehn müssen es sein!« – »Hier ist der stellvertretende Ortsgruppen-Vorsitzende der Bauernpartei!« – Na, wenn ihr zu dritt seid, könnt ihr wenigstens 'n Skat spielen, denkt der Fährmann. – »Hier ist der Instrukteur für Wirtschaft beim Kreisverband der VdgB (BHG)!« – Eine Minute Stille, dann ruft es in kurzen Abständen von drüben: »Hier ist der Gerätewart der Sportvereinigung ›Traktor‹!« – »Hier ist der Zirkelleiter der Gesellschaft für Deutsch-Sowjetische Freundschaft!« – »Hier steht der Straßenbeauftragte der Volkssolidarität!« – »Hier ist der Kassierer vom Kulturbund!« – »Hier ist der 2. beratende Beisitzer der VVEAB!« – Hm, schon neun! Das Dutzend wird bald voll sein, denkt der Fährmann und zieht seine hohen Stiefel an. Tatsächlich, es ruft weiter: »Hier ist der Chordirigent der Laienspielgruppe ›Vorwärts‹!« – »Hier ist der Bücherverwalter der Gesellschaft für Deutsch-Polnische Freundschaft!« – »Hier steht der Zirkelleiter der FDJ-Gruppe!« – »Drei Mann fehlen noch«, ruft jetzt der Fährmann, denn er hat genau mitgezählt. – »Hier ist der Vorsitzende des Ortsausschusses der Nationalen Front!« Fehlen noch zwei, registriert der Fährmann für sich. – »Hier ist der Geschäftsführer der Bäuerlichen Entwässerungsgesellschaft!« – »Jetzt noch einer, dann komme ich!« ruft der Fährmann. Eine Minute Stille. Dann überschlägt sich drüben eine Stimme: »Hier ist der Gemeindeabgeordnete und Straßenbeauftragte von Neuntal!« – »Ich komme!« ruft der Fährmann, spuckt in die Hände und stößt vom Ufer ab. Am anderen Ufer stand ein Mann: Johannes Kirmse – der Multifunktionär.

Willy Forner

Baustelle »Schwarzer Eimer«

Am Morgen nach der Bautagung beschloß der Minister, nicht direkt nach Berlin zurückzufahren, sondern einen Abstecher zur Baustelle »Schwarzer Eimer« zu machen. Irgendwie gingen ihm die neuen Betonierungsmethoden dort nicht aus dem Sinn. Der beginnende Tag war frisch, klar und voll sonntäglicher Stille. Der Frost, den die Straße durchschnitt, atmete so geheimnisvoll, daß der Minister, einer romantischen Regung folgend, den Wagen verließ, um einmal so recht das Grün der Bäume, die Kühle des Morgens und das leise Gezwitscher der Vögel auf die strapazierten Nerven wirken zu lassen.

Sonntägliche Stille lag wenig später auch über der Baustelle »Schwarzer Eimer«, über den leeren Unterkunftsbaracken, den gefüllten Zementschuppen, den riesigen Kies- und Splittbunkern, den mit gelöschtem Feuer stillstehenden Werkanlagen. Nur auf dem heruntergelassenen Schlagbaum war Leben. Auf ihm, dicht an der Bretterbude mit der Aufschrift »Bauleitung«, bemerkte der Minister ein Dutzend aufgeregt schilpender Spatzen, die sich eben aus der Abfalltonne am geschlossenen Kücheneingang ihr Morgenfrühstück geholt hatten.

> DDR-Volkszählung: Erste Frage: Beabsichtigen Sie im Jahre 1953 noch in der DDR zu leben? Zweite Frage: Wenn ja – wovon?

Das Schiebefenster der Pförtnerbude war fest von innen verriegelt. Hinter der Fensterscheibe hing über ein paar toten Fliegen das Pappschild: »Betreten der Baustelle ohne Anmeldung streng verboten!« Der Minister wunderte sich, vielleicht ein wenig mehr, als es ein Minister darf, der ein Pförtnerhaus seines Zuständigkeitsbereichs unbesetzt, verlassen und in sonntäglicher Stille vorfindet. Vielleicht klang es daher ein wenig unbeherrscht, als der Minister laut rief: »Hallo! Ist hier jemand?«

Da keine Antwort kam, blieb nichts übrig, als die Baustelle ohne Begleitung zu betreten, nach dem Rechten zu sehen und vielleicht doch einen Menschen zu finden, der Antwort auf die Frage nach der Ursache der völligen Leere zu geben imstande sei.

Es muß aber gesagt werden, daß der Minister innerhalb der nächsten halben Stunde keinem Menschen begegnete, indessen auch nichts fand, was Anlaß zu Beanstandungen hätte sein können. Der Beton lag gut angefeuchtet unter dreifach geschichteten und mit reichlich Wasser besprengten Strohmatten.

Der Betonkies, sauber gewaschen, leuchtete gelb von Kippe und Bunker. Die Feuerroste der Bauloks waren vorschriftsmäßig entschlackt. Die Zementvorräte lagen sicher verwahrt und gegen Nässe geschützt unter Dach und Fach. Nur – da war eben weit und breit kein Mensch zu sehen, dem man ein Lob für die gute Qualität des Betons oder auch einen Tadel dafür hätte aussprechen können, daß Halle IV trotz erheblich überzogenen Termins immer noch nicht fertig war.

Bei dieser fatalen Betrachtung angelangt, die er gern mit dem Bauleiter besprochen hätte, vernahm der Minister unversehens einen Zuruf aus der Glaskanzel eines Turmdrehkrans. Ein alter, bärtiger, dunkelbemützter, pfeifequalmender Mann, offensichtlich der Wächter, rief ihm zu: »He, du da unten! Was suchstn du hier?«

»Den Bauleiter!«

»Mensch, hast du ne Ahnung«, rief der Alte herab, »heut ist doch Sonnabend!«

»Na und?«

»Na, wenn du hier jemand antreffen willst, darfste nich sonnabends oder montags kommen!«

»Ist denn das immer so?«

»Nee, wenn's Prämien gibt, sind se alle da!«

Die SED will zum nächsten Parteitag ihre ovalen Parteiabzeichen durch viereckige ersetzen!
Warum denn das? Damit die Genossen nicht mehr soviel rumeiern müssen.

Wie man in den Wald hineinruft

In einigen Kunstdiskussionen Anfang der fünfziger Jahre hatte Bertolt Brecht das musische Fingerspitzengefühl und den Kunstverstand des Ministerpräsidenten Otto Grotewohl kennen- und schätzengelernt. Er machte kein Hehl aus seiner Sympathie für den ersten Mann der Regierung und äußerte einmal im Kreis seiner Mitarbeiter: »Schade, daß er Politiker ist. Ich würde ihn sofort als Chefdramaturg für unser Ensemble engagieren.«

Eines Tages erzählte man Otto Grotewohl diesen Ausspruch Bert Brechts. Da soll er herzlich gelacht und gesagt haben: »Schade, daß er Stückeschreiber ist. Ich würde ihn sofort in die Regierung nehmen.«

E. R. Greulich

2. Kapitel

Alles zum Wohle des Volkes

Humorvolles aus dem Alltag

Was Hadschi Halef Omar Ben in einer HO-Gaststätte erlebt, warum ein Geburtstagskind einem **Volkspolizisten** dankbar ist, wie es sich mit alten vergeßlichen Damen verhält, wieso ein Umzug zu einem lohnenden Geschäft wird, wie man in den Besitz einer neuen Hose kommt – das alles erfahren Sie auf den folgenden Seiten. Freuen Sie sich auf die **Schelme** oder die so arg- wie hilflosen Normalbürger, die sich mit den **Tücken des Alltags** rumschlagen und dabei keineswegs nur liebenswerte Seiten offenbaren. Da könnten gute Vorsätze Abhilfe schaffen? John Stave hat die passende Geschichte dazu. Und weil Kultur zum Wohl des Volkes gehört, gibt es einen Abstecher in die Theaterwelt, bei dem Sie erfahren, warum Brechts **Dreigroschenoper** eigentlich gar nicht so heißen dürfte und außerdem noch einen **Theaterbesucher** kennenlernen, der sich ziemlich danebenbenimmt. Und wenn aus heutiger Sicht manches naiv, manches belehrend wirkt, trübt das nicht den Spaß, den diese **alten Geschichten** aus einer anderen Zeit und anderen Welt vermitteln.

Erich Hanko

Tomaten-Püree

Gustav war eisern. Was er einmal angefangen hatte, führte er durch. Seine Schuhsohlen schnitt er sich immer noch selbst aus einem alten Autoreifen, wie er es von der Kriegszeit her gewöhnt war. Was die Garderobenfrau im Café, die zufällig einen Blick auf seine Fußbekleidung warf, neulich zu dem erstaunten Ausruf veranlaßte: »Die kann ich Ihnen aber nicht abnehmen, mein Herr! Der Parkplatz ist draußen!«

Gustav ließ sich nicht erschüttern. Auch nicht durch seine

»Um Gottes willen, Leute! Macht langsamer. Ihr sei ja schneller fertig als wir mit unseren Plänen!«

Oberhemden, die ausnahmslos ihr zehnjähriges Dienstjubiläum hinter sich hatten und mittlerweile bedenklich kurz geworden waren, weil Auguste, Gustavs Frau, den Stoff für neue Kragen und Manschetten immer unten abschneiden mußte. Gustavs Frau weigerte sich ganz entschieden, die Hemden zum Trocknen draußen auf die Leine zu hängen, Gustav hatte zwar in den letzten Jahren zuweilen gehört, daß es wieder Oberhemden in reichlicher Auswahl gäbe. Aber er glaubte nicht daran. Am allereisernsten aber beharrte Gustav auf seiner Tomatenkultur, die er in jedem Frühjahr in den Blumenkästen des Balkons einrichtete, ein alter Brauch aus dem Jahre 1940. Gustav war der einzige Balkontomatenbauer im ganzen Stadtbezirk. Durchreisenden Fremden wurde sein Balkon als ehrwürdige Sehenswürdigkeit empfohlen. Im Herbst, wenn die Früchte, die erheblich größer waren als Erbsen, in der Sonne leuchteten, mußte die Polizei immer wieder Menschenansammlungen zerstreuen, die wie gebannt zu dem Balkon hinaufstarrten.

»Mann«, sagte Auguste, Gustavs Frau, wütend, »wir machen uns ja lächerlich, es gibt doch jetzt genug Tomaten!« – »So?« sagte Gustav kühl. »Vielleicht im Moment mal ne kleine Schwemme. Ich glaube nicht daran. Was ich habe, habe ich. Und meine kann mir keiner klauen.« Der Balkon lag im 3. Stock. Eines Tages kam er mit einem verbundenen Kopf nach Hause »Mann«, sagte Auguste erschrocken, »ist etwas passiert?«

»Nicht viel«, sagte Gustav, »ich war auf dem Lichtenberger Bauernmarkt und wollte mal sehen, ob es wirklich so viel Tomaten gibt, wie du immer behauptest.« – »Na und? Bist du gefallen?« – »Ausgerutscht bin ich«, knurrte Gustav, »auf einer Tomate, die lag da an der Erde rum. Aber es ist nicht weiter schlimm. Der Kopf hat es ausgehalten.« – »Dick genug ist er ja auch«, sagte Auguste spitz. »Jetzt wirst du wohl endlich geheilt sein. – Aber was hast du denn da?« Gustav wickelte eine vollkommen zerquetschte Tomate aus einem Stück Zeitungspapier: »Das ist sie!« Auguste erstarrte »Was … was willst du damit anfangen?« – »Samen fürs nächste Jahr!« sagte Gustav ernst. »Für die Balkonkästen.«

Volkes Stimme

Nach der triumphalen Aufführung der »Mutter Courage« in Paris fuhr Bertolt Brecht im eigenen Wagen mit einem Begleiter nach Berlin zurück. Es wurde dunkel, sie waren hungrig, müde und verstaubt, und in der Nähe von Bückeburg fanden sie in einem Dorfgasthaus bei einem mürrischen Wirt ein Zimmer. Als Brecht sich über die fehlende Nachttischlampe beschwerte, setzte der Wirt beide vor die Tür. Der Begleiter verhandelte, und endlich ließ sich der Unwirsche erweichen unter der Bedingung, daß der räsonante Gast das Zimmer im voraus bezahle. Zu essen gab es nichts mehr, lediglich zwei Glas Bier, und die Hungrigen aßen dazu ihren Proviantrest, angetrocknete Käsestullen. Plötzlich erschien der Wirt, brachte eine Nachttischlampe und entschuldigte sich wortreich für sein Verhalten. Ein Gast habe ihm gesteckt, der Herr sei ein berühmter Dichter und habe schon vor dreißig Jahren eine Oper geschrieben.

Allerdings, mit dem Namen der Oper habe man ihn wohl zum besten halten wollen, denn er wüßte sonst keinen, in dem der Eintrittspreis genannt werde. Womöglich handle es sich aber um eine sehr moderne Oper in einem neuartigen Opernhaus.

Wie das? erkundigte sich Brecht hellwach und interessiert. Nun ja, erläuterte der Wirt, ein Opernhaus ohne Parkett. Denn für dreißig Pfennig bekäme man doch höchstens einen Stehplatz auf dem dritten Rang. Tiefsinnig schaute Brecht den Begleiter an und murmelte: »So einfältig die einfachen Leute oft in ihrem Verstand sind, so vielfältig sind sie in ihren Auslegungen.«

E. R. Greulich

»Sie behaupten, von einem Sowjetsoldaten überfallen worden zu sein? Ist das auch wahr?« fragt der Richter »Jawohl, hier sind fünf Zeugen, die es gesehen haben …« »Na und?« sagt der Richter, »ich kann Ihnen Millionen nennen, die den Vorfall nicht gesehen haben!«

Berta Waterstradt

Ich bin ja so vergeßlich

Wer mich kennt, weiß, daß ich mich schon manchmal über meine schlechten Eigenschaften verbreitet habe. Das soll nun nicht heißen, daß ich nicht auch gute Eigenschaften habe. Von letzteren besitze ich so viel, daß ich davon übersprudele wie Milch, die man einen Moment unbeaufsichtigt auf dem Feuer gelassen hat. Und es würde genauso penetrant riechen, wenn ich über meine guten Eigenschaften berichtete. Die anderen loben einen ja erst über den grünen Klee, wenn man unter dem

grünen Rasen liegt, und dann hat man nicht mehr viel davon. In der Literatur lassen sich edle Charaktere nur schlecht schildern, sie sind mit dem Odium der Langeweile behaftet. In der Wirklichkeit ist das natürlich ganz anders. Ein guter Mensch, der mir eine Apfelsine schenkt und mich zum Schnaps einlädt, langweilt mich bestimmt viel weniger als ein schlechter, der mich schamlos anpumpt und mir auf die Hühneraugen tritt. Aber der positive Held in der Literatur ähnelt immer ein wenig dem Musterkind in der Schule, das allgemein unbeliebt ist. Darum muß der Schriftsteller seinen positiven Helden mit einem Quentchen menschlicher Schwäche versehen, aber diese Schwäche darf natürlich die Güte nicht überwuchern, da muß man vorsichtig abwägen mit Gramm und Milligramm, die reinste Präzisionsarbeit.

Entschuldigen Sie, wenn ich ein wenig aus der Werkstatt des Schriftstellers geplaudert habe, aber ich komme gleich auf mein Lieblingsthema, nämlich auf mich selbst zurück. Erich Kästner sagte einmal von sich: »Ich bin die zweite Wahl bei Meißner Tassen.« Ich möchte mich, um wie Kästner bei der Wirtschaftswarenabteilung zu bleiben, mit einem Sieb vergleichen. In meinem Gehirnkasten sieht es aus wie in meinem Nähkasten: wenig aufgeräumt. Während aber letzterer alle Jahre einmal eine Generalinventur erlebt, bei der Flicken und dergleichen weggeworfen werden, schwirren Gedankenflicken aus längst vergangenen Zeiten in

meinem Hirn herum und belasten mein Gedächtnis.
Ein Beispiel: Als zehnjähriges Mädchen kam ich zum
ersten Mal nach Berlin zu Besuch zu einer netten
Tante und ihrem ungezogenen Bengel, der sich damals in den Flegeljahren befand. Dieser sollte mir
Berlin zeigen und entledigte sich seines Auftrages
so, daß er mir die Siegesgöttin als Berolina, den Alex
als Tempelhofer Feld und das Zeughaus als Ratskeller vorstellte. Ich glaubte alles. Zu Hause rühmte er
sich, die dußlige Jöhre aus der Provinz durch den
Kakao gezogen zu haben. Meine Tränen flossen.
Tantchen ging mit mir in den Zoo, um mein zerknit-
tertes Selbstbewußtsein wieder aufzubügeln. Vor
dem Elefantengehege trafen wir eine Bekannte, der
Tantchen ihr Leid über ihren ungeratenen Sprößling
klagte. Zu meiner Genugtuung erfuhr ich, daß er
auch in der Schule falsche Auskünfte gäbe, weniger
aus Mutwillen als aus Unvermögen. Die Bekannte
riet zu Nachhilfestunden, hatte auch schon eine passende Person im Auge, nannte Namen und Adresse.
Tantchen hatte nichts zum Schreiben bei sich und bat
mich: »Bertchen, sei so gut und merke dir: Grete Pinter, Kastanienallee zwanzig.«
Viele Jahre sind inzwischen vergangen, aber die
Adresse habe ich mir bis heute gemerkt. Ich weiß
nicht, ob das Haus Kastanienallee 20 noch steht und
ob dort noch eine Grete Pinter wohnt, und auch,
wenn das der Fall wäre, könnte das nicht viel nützen, denn mein einst so rüder Vetter ist heute mil-
der geworden und kommt allmählich in das Alter,
wo er seinem Enkelsohn sagt: »Als Opa so alt war
wie du, war er immer der Beste in der Klasse.« So
belastet die Adresse von Grete Pinter mein Gedächtnis, läßt mich Verabredungen vergessen und wichtige Termine überschreiten, was mich schon viel Geld
gekostet hat. Ich weiß nicht, ob Grete Pinter auch
daran schuld ist, daß ich soviel verliere, vor allen
Dingen Handschuhe.

Früher verlor ich immer einen und hatte dann noch
den anderen als überflüssigen Zeugen meiner Unachtsamkeit.
Heute verliere ich alle beide. Ich weiß nicht, ob das ein Fortschritt ist: Jeden Winter gehen mehrere Paare flöten. In der

handschuhlosen, der schrecklichen Zeit, wenn das eine Paar verloren und ein neues noch nicht gekauft ist, greife ich zu uralten graugrünen Fäustlingen, die nur noch aus Stopfern bestehen.

Diese verliere ich merkwürdigerweise nie. Mir wurde geraten, mich wegen der Handschuhgeschichte mit einem Psychotherapeuten auszusprechen, aber wenn es nur auf das Aussprechen ankommt, kann ich es ja auch mit meinen Lesern tun – das ist einträglicher und verhilft mir wieder zu neuen Handschuhen.

Übrigens verliere ich nicht nur, einmal habe ich auch etwas gefunden. Es war an einem leuchtenden Wintertag des Jahres 1946, als ich, unweit der Kastanienallee jener unseligen Grete Pinter, eine Straßenbahn bestieg. »Bestieg« ist nicht der richtige Ausdruck. Aber meine Ellenbogen waren damals spitz genug, um mir einen Weg durch den Dschungel der Ein- und Aussteigenden zu bahnen. In der Mitte des Wagens angelangt, sah ich, daß sich an meiner Einkaufstasche ein Schirm angehakt hatte, der, von seiner ehemaligen Besitzerin im Gedränge verloren, eine neue Heimat suchte. Der Schirm war hübsch und noch gar nicht abgenutzt. Aber wenn er auch nur aus Löchern bestanden hätte, wäre ich nicht von der fahrenden Bahn abgesprungen, um laut zu rufen: »Wer hat einen Schirm verloren?« Alle Passanten hätten sich als Verlierer gemeldet, es war damals nicht gerade eine Zeit der übertriebenen Ehrlichkeit. So trug ich meinen Schirm stolz nach Hause und erfreue mich noch heute an seinem Besitz. Stehengelassen habe ich ihn nicht, weil ich nicht mit ihm ausgehe. Dazu ist er mir zu schade. Er hängt in meinem Korridor und erinnert an ein Korn, das auch ein kurzsichtiges Lebewesen manchmal aufpickt.

Leider habe ich die Schlußpointe für meine Betrachtungen glatt vergessen. Das geht manchen Schriftstellern so, die deshalb mit ihren Büchern nicht zu Ende kommen. Aber ich will mir an diesen Kollegen kein Beispiel nehmen, sonst verlieren Sie, liebe Leser, auch etwas: nämlich die Geduld, und dieser Verlust wäre für mich noch schlimmer als der meiner kostbaren Handschuhe.

»Und wo ist hier für ›Damen‹?«

W. W. Aschenbach

Mit Erwin im Theater

Mein Freund Erwin ist ein pünktlicher Mensch. Er kommt rechtzeitig zur Arbeitsstätte, erreicht sämtliche Bahnanschlüsse und ist auf dem Sportplatz immer der Erste. Nur bei einem hapert, es – und das ist, wenn Erwin in das Theater geht.

»Mensch«, sagte er neulich zu mir, »hast du heute abend was vor? Ich habe zwei Karten.«

»Warte mal«, erwiderte ich und sah im Terminkalender nach, ob ich sämtliche Sitzungen des Tages hinter mir hatte. Eine Viertelstunde vor Beginn schritt ich wartend auf und ab, blickte nervös auf die Uhr und musterte die Menschen, die in den Musentempel strömten, doch von meinem Freund war noch nichts zu sehen. Unerbittlich rückte der Zeiger vor und endlich, eine Minute vor Beginn, hastete er um die Ecke. Sein Atem ging stoßweise. Er hielt den Mantel im Arm und versuchte im Laufen sein Haar zu ordnen. »Komm«, rief er mir zu, »es muß

jeden Moment anfangen.« Wir jagten die Treppen hinauf, suchten die Garderobe und waren natürlich auf der falschen Seite. Wir wendeten, eilten durch die Korridore und hielten etwas später die Blechmarken in der Hand. »Sie müssen sich beeilen«, mahnte man uns.

Wir erreichten den Schließer gerade, wie er die Tür ins Schloß ziehen wollte. »Höchste Zeit«, äußerte er gedämpft und beschrieb uns die Lage der Plätze. Im Dunkeln tasteten wir uns

»Und nächste Woche grasen wir noch die Strecke von Kühlungsborn bis Ahlbeck ab!«

die Stufen zur Rangmitte hinunter, indes die Aufführung begann. Am Treppenabsatz stolperte Erwin, unerwünschte Geräusche verursachend.

»Hoppla«, sagte er laut, »wo sind denn unsere Plätze?«

Er drängte sich murrend durch die Reihe und plumpste vernehmlich auf seinen Klappsitz. »Weißt du«, forderte er mich nach Sekunden auf, »wir tauschen, ich sehe von hier aus schlecht.« Ich weigerte mich begreiflicherweise, und die Umsitzenden sandten uns mahnende Blicke. Erwin wälzte sich krachend in seinem Sessel.

»Wo habe ich denn mein Opernglas?« sprach er mit sich, wühlte in seinen Taschen und klapperte einige Male mit dem Schlüsselbund. Die Pünktlichgekommenen baten um Ruhe, doch das machte auf ihn nicht den geringsten Eindruck. »Ich muß es zu Hause liegen gelassen haben«, erklärte er mir, »das ist blöd!«

Scharfe Pst-Ruf erklangen; Erwin erzeugte mit seinen Schuhen Quietschgeräusche.

Nach einigen Minuten begann er mit den Füßen zu scharren. »Himmel«, ließ er mich wissen, »nun ist mir auch noch mein Bein eingeschlafen.« Scharfe Pst-Rufe klangen auf, Erwin wurde ein wenig stiller. Er begnügte sich bis zur Pause, mit seinen Schuhen Quietschgeräusche zu erzeugen.

In der zweiten Hälfte wickelte er ein Päckchen Kekse aus und verspeiste sie vernehmlich. »Willst du auch mal hineinlangen?« fragte er, und da ich ablehnte, redete er mir eifrig zu. »Komm, sei kein Frosch. Ich bekomme immer im Theater Hunger.«

Die geplagten Sitznachbarn schüttelten verzweifelt die Köpfe. Mit den Zähnen mahlend schaute mein Freund zur Bühne, raschelte mit dem Papier und stemmte sich so kraftvoll an die Lehne, daß das Holz knarrte. Der hinter ihm Sitzende beugte sich vor und klopfte ihm nachdrücklich auf die Schulter: »Bitte seien sie doch leiser.«

»Erlauben Sie mal«, brauste Erwin auf, »Sie wollen mir wohl Vorschriften machen, wie ich mich im Theater zu benehmen habe.«

Während der Schlußszene erhob er sich. »Los«, sagte er, »es ist gleich zu Ende. Wir gehen, sonst muß man so lange an der Garderobe warten.« Umständlich zwängte er sich durch die Reihe und trat auf mehrere Füße ...

»Nicht mal die Flossen können die Leute aus dem Weg nehmen«, schimpfte er dabei, »das ist eine Rücksichtslosigkeit.«

Eulenspiegeleien

"Irma hat sich den Grundriß ihrer neuen Wohnung hingehängt — das beflügelt die Arbeit, sagt sie!"

THEATERWOCHEN
DER GEWERKSCHAFTEN

Woran erkennt man einen Volkspolizisten im Schuhgeschäft?
Er ist der einzige, der die Kartons anprobiert.

»Was ist der Unterschied zwischen Demokratie und sozialistischer Demokratie?« – »Na, so ungefähr derselbe wie zwischen einem Stuhl und einem elektrischen Stuhl.«

"... det is für Maxe zum Geburtstag ..."

NATIONALES AUFBAUPROGRAMM BERLIN 1952

UNSERE	2 111 621	STEINE GESTAPELT
ERFOLGE	669	TONNEN SCHROTT GEWONNEN
IM JULI	59 849 cbm	SCHUTT ABGEFAHREN

HERRENARTIKEL HO

Warenhaus GUM. Kurz vor Ladenschluß geht das Gerücht um, eine Lieferung Kaffee sei eingetroffen. Die Menge stürmt herbei. »Ruhe Bürger, es ist genug für alle da«, beschwichtigt ein Verkäufer. »Laßt uns erst mal auspacken.« Nach einer halben Stunde kommt er wieder. »Bürger, so groß war die Lieferung doch nicht. Die Bürger jüdischer Nationalität werden gebeten, nach Hause zu gehen.« Nach einer weiteren halben Stunde erscheint der Verkäufer erneut. »Es reicht nicht für alle. Die Parteilosen können nach Hause gehen.« Es vergeht eine halbe Stunde, dann noch eine. Schließlich kommt der Verkäufer: »Genossen, euch kann ich es ja sagen: Es ist gar keine Lieferung eingetroffen.« »Verdammt noch mal!« brüllt einer der Wartenden. »Ich möchte mal wissen, warum die Juden immer bevorzugt werden.«

Lothar Kusche

Die rastlose Lady Lemmermann

*Dreimal umziehen ist
halb so schlimm wie einmal abbrennen.*
Benjamin Franklin

Dies ist eine ziemlich kleine Stadt, in der beinahe jeder jeden kennt, und fast alle kennen Lady Lemmermann, obwohl keiner genau zu sagen wüßte, seit wann und weshalb die Bürgerin Lemmermann den Spitznamen »Lady« führt. Mondnickl glaubte, die hieße mit Vornamen Erna, weil sie so aussah, aber im übrigen war ihm das durchaus gleichgültig. Seit Jahren kannte er sie flüchtig vom Sehen, war ihr auf der Straße oder im Gemüseladen begegnet und hatte von ihrem zumeist bedeutungsvollen Auftreten und ihrer angestrengten rotgesichtigen Würde ohne besonderes Interesse Notiz genommen. Dann aber, nachdem die Familie Mondnickl – infolge besonderer Umstände und Erwägungen, die hier nichts zur Sache tun – beschlossen und vereinbart hatte, mit den Lemmermanns Häuschen und Garten zu tauschen, sollte sie die Lady kennenlernen.

»Ich habe da ein paar Rosen in meinem Vorgarten«, sagte Herr Lemmermann, als der Wohnungstausch perfekt war, »und da die Kinder sehr an ihnen hängen, haben Sie wahrscheinlich nichts dagegen, wenn ich im Herbst mal jemanden rüberschikke, der die Rosen ausbuddelt.« Mondnickls hatten nichts dagegen. Sie hatten auch nichts gegen Herrn Lemmermann, einen gesetzten Bürger mit randloser Brille, der Seriosität wie aus einer Spraydose verbreitete und sich gelegentlich zu humoristischen Bemerkungen aufschwang. »Kein Umzug ohne Dornen«, scherzte er, und Mondnickls lächelten, denn sie haben es gelernt, zu lächeln.

Was Herr Lemmermann von Berufs wegen tut, weiß niemand in der Stadt genau zu sagen; es heißt nur, er spiele eine gewisse Rolle – aber wer von uns täte das eigentlich nicht?

Der Umzug fand statt. Was sich bei solchen Gelegenheiten abspielt, zerbrochen wird und welche lebenslänglichen unheilbaren nervlichen Schäden die Beteiligten davontragen, braucht niemandem beschrieben zu werden, der schon einmal umgezo-

gen ist; wer aber noch nicht umgezogen ist, dem kann man die
Tortur ohnehin mit Worten nicht schildern.

Nach vierzehn Tagen erschien Lady Lemmermann in Begleitung
eines Amateurgärtners, der unter ihrer Aufsicht aus Mondnickls Garten sämtliche Rosen, Dahlien, Margeriten, Anemo-
nen, Christrosen, Herbstastern und Kaiserkronen entfernte.
»Das hatten wir vereinbart, nicht wahr?« sagte Lady Lemmermann, und Mondnickl dachte, wenn es vereinbart sei, dann
müsse es ja in Ordnung sein, obgleich er sich an eine Verein-
barung dieses Umfangs nicht erinnern konnte.

Im Laufe der folgenden Wochen erschienen täglich Vertreter
des Hauses Lemmermann, um sich der von Lemmermanns ge-
pflanzten beziehungs-
weise gesäten Gur-
ken, Beeren und
Kräuter zu bemächti-
gen. »Was fällt denen
denn ein?« fragte
Mondnickls Onkel
Franz, ein streitbarer
Mensch, »ihr habt
doch nun Haus und
Garten getauscht,
und ihre Rosen haben
sie auch, und nun
muß doch wohl mal Schluß sein.«

Mondnickl zuckte mit den Achseln. An ihm ist kein Michael
Kohlhaas verlorengegangen.

Eines Tages kamen Mondnickls von der Arbeit nach Hause; da
sagte Frau Mondnickl: »Hier stand doch heute morgen noch ein
Mandelbäumchen. Wo ist denn das Mandelbäumchen geblieben?« Woher sollte Mondnickl das wissen? Er vernascht doch
keine Mandelbäumchen. Der Nachbar lehnte sich über den Gar-
tenzaun und erklärte: »Der Onkel von Frau Lemmermann war
hier und hat es ausgebuddelt. Nämlich weil die Lady es mal ge-
pflanzt hat.«

Mondnickl fragte höflich im Hause Lemmermann an, was man
noch alles auszugraben gedenke. Die Antwort war vage. Herr
Lemmermann gab sich gerade dem Selbststudium hin und war
überhaupt nicht zu sprechen, und die Lady behauptete, daß sie
eine schriftliche Bescheinigung einer für das Haus- und Gar-
tenwesen zuständigen Behörde in den Händen habe, der zufol-

ge jedermann berechtigt ist, auf seinem Grund und Boden auch nach dessen Verlassen alle Pflanzen, Kulturen, Einrichtungen und so weiter an sich zunehmen, sofern er sie selber aufgezogen, erbaut oder in sonst einem Sinne Mutterstelle an ihnen vertreten habe. Das heißt, Lady Lemmermann hatte die bewußte Bescheinigung nicht in den Händen, sondern in einer ihrer Schubladen, und sie wußte nicht genau, in welcher – aber immerhin! Kurz gesagt, Mondnickl war sehr beeindruckt und ging verlegen wieder nach Hause.

Die erwähnte schriftliche Bescheinigung, ob sie nun existierte oder nicht, sollte ihm und seiner Familie fortan zum Verhängnis werden. So trafen Mondnickls an einem Donnerstag, an dem sie vor ihrem Einkaufsbummel das Haus versehentlich nicht abgeschlossen hatten, im Keller einen völlig fremden Mann, welcher, ehe sie ihn noch nach seinem Namen und dem Grund seiner Anwesenheit hatten fragen können, wütend ausrief: »Nu passen Sie ma auf! Ich bin der Schwager von Frau Lemmermann ihren Onkel, und nu sagen Sie mir ma sofort, wo meine Bartbinde geblieben ist!! Ich hatte nämlich meine Bartbinde in diesen Keller liegenlassen, und zwar in diese Ecke. Wo ist meine Bartbinde??«

Bei ihrer Rückkehr vermißten Mondnickls in den Fensterrahmen das Glas.

»Weiß der Teufel, wo das Ding ist«, sagte Mondnickl, »und wenn Sie nicht sofort verschwinden, werde ich die Polizei verständigen. Verstanden?«

Der Mann sagte: »Ich werde die Polizei verständigen – ich! Und zwar die Kriminalpolizei! Sie werden sich noch wundern. Bei uns hat jedermann das Recht auf seine persönliche Bartbinde, und daran werden Sie nichts ändern, werter Herr! Wir sprechen uns vor Gericht wieder.« Damit verschwand er, nicht ohne einige Glühlampen herausgeschraubt zu haben, die seiner Überzeugung nach Lady Lemmermann zu ihrer Zeit eingepflanzt hatte. Und dann kam diese Sache mit dem Bilderhaken. Als Mondnickls das Haus der Lemmermanns bezogen hatten, befand sich in einer gewissen Wand ein Bilderhaken, und Mondnickls waren schamlos genug, ein Bild daran aufzuhängen. Ehe das Bild noch richtig gerade hing, erschien ein Vetter von Lady Lemmermann und forderte die Herausgabe des Bilderhakens, den er von seinem verstorbenen Vater geerbt und seiner Kusine lediglich leihweise überlassen hatte. Mondnickls weigerten sich. Der Vetter sagte: »Dann lassen Sie mich wenigstens den Fußabtreter mitnehmen, den vor der Tür zum Garten. Er ist für mich eine teure Erinnerung an meine Nichte, welche jetzt in Pasewalk lebt; sie hat Zahnmedizin studiert.«

»Na und?« sagte Frau Mondnickl, »das interessiert uns doch alles nicht. Bitte gehen Sie weg!«

»Wenn Sie mir schon den Fußabtreter nicht geben wollen«, sagte der Vetter aus Dingsda, »dann tragen Sie mich doch wenigstens ein bißchen herum.« Mondnickl tat es und warf ihn anschließend über den Zaun, da er keine Hand frei hatte, um die Tür zu öffnen.

Da das Leben der Familie Mondnickl so nicht weitergehen konnte, fuhren sie in Urlaub. Es war wunderschön. Jeden Morgen erwachten sie mit dem frohen Gefühl, daß niemand kommen könne, um irgend etwas zu holen, das er einmal angeschafft oder großgezogen hatte.

Bei ihrer Rückkehr allerdings vermißten Mondnickls in vier Fensterrahmen das Glas (Lady Lemmermann hatte es nach gewissen Fußballetüden von Herrn Lemmermann junior auf eigene Kosten erneuern lassen) sowie die Gartentür (die Herrn Lemmermanns Opa, ein verstorbener Berufstischler, einst restauriert hatte), einen Teil der windbestürmten westlichen Giebelwand (für deren Reparatur Lady Lemmermann seinerzeit zwar nicht aufgekommen, den Bauleuten aber doch noch als Spenderin von zwölf Flaschen Bier in Erinnerung war) und das Dach.

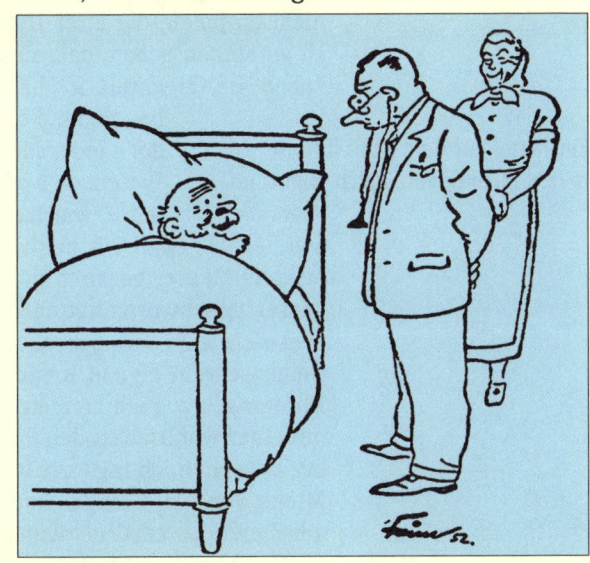

»Wenn Sie so weitermachen, können Sie siebzig Jahre werden!« – »Aber ich bin doch schon fünfundachtzig!«

Dieses nämlich war, als Lemmermanns noch darunter wohnten, zu Recht einmal im Verlauf eines Gewitters davongeflogen, und die damaligen Hauseigentümer hielten das Ersatzdach seither mit Fug für ihr Privatdach. Also hatten sie es sich abgeholt.

Was sollte man da machen? Wenigstens den Keller und die Wasserleitung haben sie Mondnickls ja noch gelassen.

Weiß jemand Rat? Kann jemand der Familie Mondnickl ein winterfestes Zelt für vier Personen leihen oder verkaufen – eventuell auch auf Rentenbasis?

Rolf Pester

Geburtstag

Es ist erwiesen, daß jeder Mensch einmal im Jahr Geburtstag hat. Das trifft selbstverständlich auch für mich zu. Ich habe am 21. Juni Geburtstag. Die Jahreszahl möchte ich nicht preisgeben. Sie ist für diese Geschichte nicht wichtig. Da ich unglücklicherweise noch immer Junggeselle bin und das Lauern auf eine passende Lebensgefährtin keineswegs aufgegeben habe, könnte eine solche Unvorsichtigkeit meine letzten Chancen zunichte machen. Ich bitte also um Verständnis für meine Zurückhaltung. Doch zurück zu meinem Geburtstag. Ich gehöre nicht zu jenen, die ihrer Umwelt mehr oder weniger deutlich zu verstehen geben, daß sie an ihrem Geburtstag Geburtstag haben. Im Gegenteil. Ich habe ihn nach Möglichkeit stets verheimlicht. Man mag das albern finden, gewiß, doch jeder Mensch ist eben anders. Das einzige Wesen, dem ich mich in dieser Hinsicht offenbart hatte, war meine verflossene Freundin. Verflossen deshalb, weil wir uns wegen eines lächerlichen Anlasses bis aufs Messer gezankt und demzufolge ab sofort ewiges Vergessen geschworen hatten.

Ein Zettel auf dem Schreibtisch befahl mich unverzüglich zum Chef.

»Sei es, wie es sei«, sprach ich grimmig und beschloß, meinen Geburtstag in eigene Regie zu nehmen. Am Morgen meines Ehrentages zog ich meinen guten Anzug an, besprengte mich mit einer wohlriechenden Essenz, nahm den Rosenstrauß aus der Vase, den ich tags zuvor gekauft hatte, trat mit feierlicher Miene vor den Spiegel und sprach meinem Spiegelbild die allerherzlichsten Glückwünsche aus, redete von Gesundheit, beruflichem Erfolg und einem langen Leben. Anschließend bedankte ich mich gerührt für die vielen guten Wünsche. Sodann begab ich mich ins Wohnzimmer. Hier stand der Gabentisch, den ich am Abend vorher mit liebevoller Sorgfalt hergerichtet hatte. Ich zeigte mich hocherfreut über die zahlreichen Geschenke, roch an den Zigarren, naschte vom Kuchen, schenkte mir ein Gläschen Kognak ein und tat im übrigen höchst überrascht, von mir so reich beschenkt worden zu sein. Dann machte ich mich auf den Weg zur Arbeit. »Siehst du, alter Knabe«, sprach ich zu mir, während ich munter einen Fuß vor den anderen setzte, »was man will, das kann man! Alles andere ist kindische Gefühlsduselei. Selbst ist der Mann!«

Trotzdem musterte ich jeden Vorübergehenden und empfand

im hintersten Seelenwinkel eine winzige Enttäuschung darüber, daß nicht einer von ihnen Notiz von meiner festlichen Stimmung nahm: Ein Mensch, der Geburtstag hat, ist schließlich nicht irgendwer!

Jetzt begann es auch noch zu regnen. Meine heitere Laune machte einem leisen Ärger Platz. Ich empfand es als ungehörig, daß es ausgerechnet an meinem Geburtstag regnete. Wenn ich schon keinen Sonnenschein verdient hatte – weshalb eigentlich nicht? –, ein bißchen blauer Himmel hätte es auch getan, meinetwegen mit ein paar Wölkchen, aber Regen, nein, das ging entschieden zu weit. Mißmutig blies ich einige Wassertröpfchen von meiner Nase und betrat das Verwaltungsgebäude. Ich wunderte mich kaum, daß der sonst zu Scherzen aufgelegte Pförtner mit mürrischem Gesicht hinter seinem Glasfenster hockte und meinen Gruß kaum erwiderte.

Wie vermutet, herrschte auch in meinem Zimmer die übliche Büroalltagsatmosphäre. Keine Girlande, kein sinniger Spruch, kein Blümchen auf dem Schreibtisch. Stattdessen ein Zettel, der mich unverzüglich zum Chef befahl. Er empfing mich mit der ungnädigen Frage: »Sie haben gestern zehn Minuten früher Feierabend gemacht. Haben Sie eine Erklärung dafür?«

Ich hätte ihm sagen können, daß ich diese Unkorrektheit nur deswegen begangen hatte, um all meine Geburtstagseinkäufe in Ruhe tätigen zu können. Ich tat es nicht, stammelte etwas von Versehen und kassierte einen Anpfiff, daß mir die Ohren sausten. Und so ging das den ganzen Tag weiter. Die hübsche Sekretärin vom Rechnungswesen, mir der mich seit längerem zarte Bande verknüpften, schlug meine Einladung zu einem Kinobesuch brüsk ab und erklärte mit niederschmetternder Kühle, sie habe jetzt einen Freund und verbitte sich jeden weiteren Annäherungsversuch. Zum Mittagessen gab es Gräupchen mit Speck, das einzige Gericht, vor dem ich mich schon als Junge gefürchtet hatte, und am Nachmittag gar bezeichnete mich ein Kollege, mit dem ich sonst nie Differenzen gehabt hatte, wegen eines nichtigen Anlasses als Hornochse.

Wen wundert es nach alldem noch, daß ich auf dem Heimweg bei Rot über die Kreuzung lief und prompt von einem Verkehrspolizisten gestellt wurde. Ich mußte meinen Personalausweis vorzeigen. Er blätterte darin, und plötzlich wurde seine dienstliche Miene überraschend privat. »Sie haben heute Geburtstag?« fragte er. »Ja«, sagte ich und errötete wie ein Schuljunge.

»Herzlichen Glückwunsch«, sprach er. »Da will ich Ihnen die drei Mark ausnahmsweise erlassen. Gewissermaßen als klei-

---

Walter Ulbricht hält vor LPG Mitarbeitern eine Rede zum Volkswirtschaftsplan: »In fünf Jahren wird jeder Bürger der DDR eine Waschmaschine besitzen!« Ein Zwischenrufer aus der letzten Reihe: »Und was ist mit dem Klopapier?« Ulbricht weiter: »In weiteren fünf Jahren wird jeder Bürger der DDR einen Fernseher sein eigen nennen.« »Und was ist mit dem Klopapier?« Ulbricht inzwischen genervt: »In weiteren fünf Jahren wird jeder Bürger der DDR ein Auto haben!« »Und was ist mit dem Klopapier?« Da reißt Ulbricht der Geduldsfaden: »Ach, leck mich doch am Arsch!« »Das ist eine Einzellösung! Was ist mit der Allgemeinheit?«

nes Geburtstagsgeschenk. Aber seien Sie in Zukunft etwas vorsichtiger!« Er gab mir den Ausweis zurück, nickte mir zu und entfernte sich. Es regnete noch immer. Ziemlich heftig sogar. Doch ich plantschte vergnügt durch die Pfützen, pfiff ein Lied vor mich hin und hätte die ganze Welt umarmen mögen.
Ich hatte ja Geburtstag. Und noch dazu amtlich bestätigt!

Beschwert sich ein Mann am Bockwurststand. »Das Brötchen ist steinhart, das ist bestimmt von vorgestern! Geben Sie mir eins von heute!«
»Wenn Se eins von heute haben wollen«, sagt die Verkäuferin, »müssen Se übermorgen wiederkommen!«

Durch die Wüste

Hadschi Halef Omar Ben Hadschi Abul Abas gab seinem Kamel die Sporen, denn er hatte schrecklichen Durst. Die Oase, die er vor sich sah – die HO-Gaststätte Dresden, Fucikplatz – war eine Fata Morgana, die vollen Bierfässer lagen dort im Keller, aber keiner konnte sie anzapfen. Hadschi sagte prophetisch, sicher gibt's hier keine Toilette, man kann ja doch nichts trinken. Und siehe da, es stimmte. Hadschi ritt weiter, dem Verdursten nahe. »Ich sehe Bier«, orakelte er und band sein Kamel an den Pflock vor dem HO-Restaurant Lützkendorf. Biergläser wurden indes grundsätzlich nicht ordentlich gefüllt. Hadschi beschwerte sich. »Ausnahmen werden nicht gemacht«, bedeutete man ihm, »dann trink doch Flaschenbier, du Wüstensohn!« Hadschis Kamel wieherte dreimal beleidigt, bis die beiden übern Harz kamen. Im Hotel »Steinerne Renne« machten sie halt, es bediente aber niemand. »Wenn Sie Durst haben, müssen Sie schon selber an die Theke kommen«, gaben ihm zwei herumlümmelnde Männer zu verstehen. »Die Wüste ist ein Paradies dagegen«, schimpfte Hadschi, als er hörte, wie die Chefin der »Steinernen Renne« einen Lehrer anschnauzte, der mit einer Pioniergruppe etwas essen wollte: »Bleiben Sie doch mit Ihren Kindern in den Ferien zu Hause!« Das ging Hadschi weit über die Hutschnur seines Turbans. »Mein Mekka ist die Sächsische Schweiz«, dachte er und trieb sein Kamel an. Im HO Bahr'sches Hotel, Bad Schandau, trank er ein brühwarmes Glas Wein. Zum Trost studierte er das mit bewegten Klagen vollgeschriebene Beschwerdebuch. Als Hadschi schließlich im »HO Erbgericht« in Rathen zusah, wie ein einziger Kellner alle voll besetzten Tische bediente, als er erlebte, daß in der HO-Gaststätte Liebenwerda die Zubereitung der Speisen über eine halbe Stunde dauerte, da stieg er wutentbrannt auf die Dattelpalme, wo sie am höchsten ist. Von dort aus sprach Hadschi Halef den denkwürdigen Satz, der in die Literatur und in die Gastronomie eingegangen ist: »Ihr seid mer vielleicht scheene Scheiche!«

John Stave

Gute Vorsätze

Leute, die lange nichts von sich gehört haben, pflegen sich in der Regel noch bis in den April hinein mit »Na, gut reingekommen?« zu begrüßen. Sie meinen natürlich »ins neue Jahr«, und da erhebt sich ganz einfach die Frage, wie lange so ein Jahr eigentlich neu ist.

Bei einer Hose zum Beispiel ist das viel leichter zu beantworten. »Sehn Sie sich doch ein bißchen vor«, sagt man, »Mann, jetzt haben Sie mir schon das dritte Bier über meine neue Hose gekippt. Noch einmal, Sie, und ich setze mich an einen anderen Tisch!« Da geht einem die neue Hose über die Lippen, ohne daß man besonders darauf achtet.

Wenn die Knie nämlich durch die Hosenbeine schimmern, sagt man plötzlich: »Verdammt, meine alte Hose hat nun aber auch langsam ausgedient!« Für alle Fälle sollte man sowieso immer eine Ersatzhose bei sich haben.

Bei Frauen ist es schon wieder schwieriger. »Wißt ihr«, sagt Carl, »heute kann ich nicht so lange bleiben. Meine Alte ist krank. Herr Wirt, noch drei Bier!« Carl zählt dreiundzwanzig Lenze, seine Alte ist neunzehn.

Nun redet man ja bei Frauen auch nicht von neuen, sondern von jungen. »Jebn Se her«, sagt

Karpfen blau

der Losverkäufer vom Alex zu einer etwa vierundsiebzigjährigen Dame, die gerade zwei Lose gezogen hat. »Jebn Se her, ich schneide Ihnen uff, junge Frau!«

Jedenfalls dies Jahr sagen die Leute nicht ganz so lange »Na, gut reingekommen?« zueinander. Weil Ostern früher liegt. Ostern liegt diesmal schon Ende März, so um den fünfundzwanzigsten herum – können Sie sich schon mal einrichten.

Vielleicht ist es die sogenannte Karwoche, die das Jahr alt macht oder jedenfalls nicht mehr neu läßt. Ach ja! die Karwoche. »Montag und Dienstag hats Kartoffelsuppe gegeben, Mittwoch und Donnerstag Kartoffelpuffer. Ick denke ja nicht im Traum dadranne, heute am Karfreitag unsan Zaun ooch noch mit Karbonoleum anzustreichen!«

Ich habe noch nie jemand gesehen, der nach Ostern gefragt hat »Na, gut reingekommen?« Da sind ja dann auch längst schon wieder die ganzen Jugendweihen gewesen, und wenn erst im

Mai der letzte Schnee weg ist, merkt man von selber, daß das neue Jahr in die Jahre gekommen ist.

Es ist wie mit den guten Vorsätzen, über die man bereits eine Woche nach Silvester gar nicht mehr so gerne spricht.

»Na«, fragt Nachbar Matuschke, »was machen Ihre guten Vorsätze? Alles schön eingehalten? Oder ham Sie erst gar keine gefaßt?«

»Doch, doch«, wehre ich halb und halb ab. »Schon. Ja, ja. Ich hab mir zum hundertsten Mal vorgenommen, mit dem Rauchen und dem Trinken aufzuhören. Aber ehrlich: Am 3. Januar hatte ich schon wieder einen in der Krone. Na, und geraucht habe ich bereits am 2. Januar. Es ist eine Schande. Und überhaupt. Wissen Sie, diese ganzen guten Vorsätze, also mal im Vertrauen gesagt, ham gar keinen Wert.«

»Wem sagen Sie das?« resigniert Matuschke.

Ich sage: »Na, hörn Sie mal, Matuschke, Sie sind ja gut! Sie rauchen nicht, Sie trinken nicht, wozu brauchen Sie denn überhaupt Vorsätze?«

»Das ist es ja gerade! Ich rauche und trinke praktisch von Geburt an nicht. Und dieses Jahr Silvester habe ich mir nun mal richtig vorgenommen, ernsthaft, also diese beiden guten Vorsätze gefaßt, du fängst jetzt richtig mit Trinken an und mit Rauchen auch. Und was soll ich Ihnen sagen – am 1. Januar abends hab ich schon nicht mehr geraucht und am 2. das letzte Bier getrunken,

»Wie siehst du wieder aus? Hab ich dir nicht gesagt, du sollst dir ein Beispiel an deinem Vater nehmen?«

sozusagen die guten Vorsätze über Bord geworfen, alle beide.«

»Na ja«, sage ich, »Sie unterstreichen ja nur das, was ich schon sagte. Gute Vorsätze ham keinen Wert.«

»Da ham Sie recht«, bestätigt Matuschke meine Ausführungen. »Aber sonst«, sagt er, »gut reingekommen sind Sie doch?«

»Ja, ja«, sage ich, »danke. Und ich hoffe von Ihnen dasselbe.«

Lothar Kusche

Ich kaufe mir eine Hose

»Ich möchte, bitte, eine Hose«, sagte ich.

»Ah«, sagte der Verkäufer, »es wird mir eine Freude sein, Ihnen die schönste und beste Hose zu geben, die wir hier haben!« Er scharwenzelte um mich herum, wie man es sonst in Konsum-Kaufhäusern nicht gewohnt ist, und holte eine Hose hervor. Ein anderer Verkäufer folgte ihm neugierig. Zwei weitere Verkäuferinnen standen hinter mir und reckten die Hälse. Die Hose war zwar nicht vom besten Stoff, und das Muster gefiel mir auch nicht so recht, weil ich grau-blaue Hosen mit dunkel-grünen Streifen nicht schön finde;

überhaupt kann ich mir niemanden vorstellen, der so ein Muster schön findet, ausgenommen der Kerl, der es entworfen hat (und vielleicht hat der es auch nur aus Bosheit gemacht); aber schließlich probierte ich die Hose erst mal an.

Sie war unerhört weit, und ein Mann von meiner Größe ist wohl aus anatomischen Gründen nie imstande, so dick zu werden, wie es diese Hose von einem fordert. »Das macht gar nichts«, sagte der Verkäufer in süßem Ton, »da nehmen Sie hinten einen Keil raus und schon ist die Taillenweite rich-

tig!« Seiner Meinung nach wurden die Mängel der Hose dadurch, aufgewogen, daß ihr einige Knöpfe fehlten. »Was nicht dran ist, kann wenigstens nicht abgehen, hahaha«, erläuterte er mit bezwingendem Humor. »Seien Sie mir bitte nicht böse«, wandte ich verschüchtert ein, »wenn ich ganz ehrlich sein darf, gefällt mir die Hose noch nicht so ganz … sie ist natürlich sehr schön … aber …«

Auf dieses Stichwort kam ungerufen der zweite Verkäufer, welcher uns die ganze Zeit beobachtet hatte, mit einer anderen

»Wir haben hier nur rechte Schuhe. Die linken gibt's bei der HO in der nächsten Querstraße.«

Hose heran. »Gestatten Sie!« rief er strahlend, »daß ich Ihnen
mal ganz kurz die Hose Ihrer Träume vorführe!«

Na, warum nicht, dachte ich. Die Hose meiner Träume hatte ein
genau so häßliches Muster wie die zuerst probierte.

»Diese Hose paßt Ihnen wie angegossen«, sprudelte der Verkäufer los, »damit können Sie Bälle besuchen, und wenn Sie Ka-
pellmeister wären, könnten Sie ohne weiteres in dieser Hose
dirigieren, sogar in der Staatsoper.«

»Ich bitte um Entschuldigung«, sagte ich, »ich will in dieser
Hose nicht dirigieren. Darf ich sie probieren?«

»Kollege, Sie sitzen
hier, als wären Sie in
einem Wartezimmer.«
»Stimmt! Ich warte
nämlich auf Angebote!«

»Ganz überflüssig«, sagte er,
»die paßt.«

Sie paßte tatsächlich, nur
hatte der Hersteller den nor-
malen Wuchs meiner Beine
nicht einkalkuliert. Noch ehe
ich mich verlegen umwenden
konnte,   umschmeichelten
mich die beiden Verkäuferinnen mit einigen weiteren
Hosen, die in originellen
Eigenschaften einander über-
boten. Eine hatte den Hosen-
schlitz hinten statt vorn; eine
andere war nicht gefüttert,
hatte dafür aber keine Taschen, und manche Hosen
waren oben oder unten zuge-
näht. Dabei aber machten die
Verkäuferinnen und ihre beiden Kollegen ein Getue, als

hätten sie tatsächlich die besten Hosen der Welt anzubieten –
kurz: Sie werden verstehen, daß mir der Kragen platzte. »Wollen Sie mir vielleicht einreden, daß Sie keine besseren Hosen
haben als diese Ladenhüter hier?!«

»Sie sind aber auch ein Dickschädel«, sagte nach einer stum-
men Pause eine der Verkäuferinnen, »natürlich haben wir auch
bessere Hosen ... da hinten im Schrank ... Aber Prämien zahlt
uns die Konsumgenossenschaft doch nur, wenn wir unseren
Kunden die alten Ladenhüter andrehen!«

3. Kapitel

Lernen, lernen, nochmals lernen

Als wir Schüler und Pioniere waren

1952 findet das erste zentrale **Pioniertreffen** statt. »Für Frieden und Sozialismus, seid bereit!« – und 60 000 Teilnehmer erwidern den Pioniergruß: »Immer bereit!« Der Pionierorganisation wird der Name **Ernst Thälmann** verliehen. »Ernst Thälmann ist unser Vorbild. Als Thälmann-Pionier gelobe ich, so zu leben, zu lernen und zu kämpfen, wie es Ernst Thälmann lehrt.« Etwa die Hälfte aller schulpflichtigen Kinder sind in den 50er Jahren Mitglied der Pionierorganisation; ähnlich gestalten sich zu dieser Zeit die Mitgliederzahlen in der **Freien Deutschen Jugend**. Die ist Ausrichter eines anderen politischen Großereignisses, der **III. Weltfestspiele der Jugend und Studenten**, die 1951 in Ostberlin stattfinden. Zwei Millionen Jugendliche aus beiden deutschen Staaten nehmen teil. In Vorbereitung der Weltfestspiele übergibt Jugendfreund Erich Honecker, seines Zeichens Vorsitzender der **Freien Deutschen Jugend,** im Juni 1951 das sogenannte Stalin-Aufgebot, die Verpflichtung der FDJler, mit hohen Leistungen an der Planerfüllung mitzuwirken und natürlich auch das **frohe Jugendleben** – wie Erich Brehm es nachfolgend beschreibt – zu gestalten. Im gleichen Monat wird in der Bundesrepublik die Freie Deutsche Jugend als verfassungsfeindlich eingestuft und **verboten**, ein Verbot, das die Wiedervereinigung 1990 überlebt.

Erich Brehm

Das frohe Jugendleben

Wieder einmal strampelte Achim mit seinem Fahrrad über Land. Er war FDJ-Funktionär und seit langem von der Kreisleitung beauftragt, die Gruppen in den umliegenden Orten zu besuchen und anzuleiten.

Fröhlich pfiff er vor sich hin, brach aber, als er in den Hof der MAS von Klettwitz einfuhr, kurz ab. Hier hatte er schließlich eine ernste Aufgabe!

Im Kulturraum saßen etwa zwanzig Jungen und Mädel, schon braungebrannt wie im Hochsommer und sichtlich guter Laune.

»Freundschaft«, grüßte Achim knapp, bemüht, eine gewisse

dienstliche Würde an den Tag zu legen. »Wo ist der Gruppensekretär?« – »Der Heinz ist zum Kreis gefahren«, sagte die Jugendfreundin Hanna. »Bis er zurückkommt, soll ich ihn vertreten.« – »Scheint ja ein schönes Durcheinander bei euch zu sein«, nörgelte Achim. »Aber nun fangt schon endlich an! Wer hält denn heute das Referat?« fragte er in den Raum hinein. Postwendend kam die Antwort: »Gar keener!« – »Ja«, erklärte Hanna, etwas unsicher werdend, »wir wollten heute singen und dann unsern Volkstanz weiterüben.«

»'ne Menge alte Bekannte schwirren hier rum!«
»Wer denn?«
»Seine alten, bekannten Schlagworte!«

»Na, Freunde«, kritisierte Achim, »ich muß schon sagen, ihr macht euch die Sache reichlich einfach. So gehts ja nun auch wieder nicht! Bloß singen und herumtanzen?«

»Entfaltet das frohe Jugendleben!« sagte eine tiefe Stimme aus dem Hintergrund.

»Na ja«, eiferte sich Achim, »aber das muß doch nicht gerade sein, wenn ich als Kreisbeauftragter zu euch komme. Und überhaupt, was meint ihr denn, wenn alle Dienststellen immerzu bloß tanzen und singen würden?«

»Wir sind doch nicht alle Dienststellen!« rief ein ganz junges Mädchen, das ihm gerade gegenübersaß.

»Also, Freunde«, lenkte Achim ein, »tut mir den Gefallen und laßt wenigstens heute euer frohes Jugendleben sein. Ich muß für den Kreis einen Bericht über eure Gruppe machen und möchte nicht euretwegen eins auf die Nase kriegen. Ich schlage vor, ich halte ein ganz kurzes Referat, und dann diskutieren wir darüber, und wenn dann noch Zeit, ist, können wir ja vielleicht auch noch ein Lied singen.«

Die Jugendlichen schwiegen mehr oder weniger verstimmt.

»Wenn alle einverstanden sind, können wir gleich anfangen«, sagte Achim. »Da ich nicht weiß, was ihr wißt«, begann er im Tonfall eines geübten Referenten, »will ich heute über ein Thema sprechen, das euch bestimmt neu ist und euch sicher sehr interessieren wird: Die Entwicklung der Krankenkassen von 1881 bis zur Gegenwart!« Und schon legte er los und verbreitete sich ausführlich über all das, was er in der Sozialversicherung, bei der er angestellt war, gelernt hatte. Das stolze Bewußtsein, Ruhe und Ordnung in den Heimabend gebracht zu haben, verlieh ihm einen überwältigenden Redefluß. Während ihn die Jungen und Mädel mit glasigen Augen anstarrten oder vor Müdigkeit mit den Lidern klapperten, holte er Statistiken aus seiner Tasche, las und sprach und sprach und las und schien kein Ende finden zu wollen. Als er nach fast zwei Stunden endlich aufhörte und um Wortmeldungen zur Diskussion bat, meldete sich niemand.

»Na, wenn alles klar ist, können wir ja Schluß machen«, erklärte Achim, »der Heimabend ist beendet!« Das Lied hatte er völlig vergessen.

»Wo ist denn Dieter?«
»Der arbeitet eine Etage weiter unten, weil er immer solche Unordnung verbreitet.«

Mitten im allgemeinen Aufbruch kam Heinz, der Gruppensekretär. Er begrüßte Achim und fragte, wie ihm die Gruppe gefallen habe. »Soweit ganz in Ordnung«, sagte Achim, »aber die Freunde sind so still. Keiner geht aus sich heraus!«

Heinz staunte, aber plötzlich fiel ihm etwas anderes ein. »Beinahe hätte ich's vergessen, Achim, die Kreisleitung hat mir einen Brief für dich mitgegeben, als ich ihnen sagte, daß du heute zu uns kommst.«

Achim überflog das Schreiben. »Lieber Achim«, stand da, »in der heutigen Sitzung der Kreisleitung ist eine andere Verteilung der Funktionen beschlossen worden. Danach bist Du rückwirkend ab 1. des Monats als Sonderbeauftragter ausschließlich für die Entfaltung des frohen Jugendlebens in den Dir anvertrauten Gruppen eingesetzt. Wir erwarten ab sofort laufend Deine Berichte.«

Erich Hanko

Die Halbstarken

Als Kurt und Willi, zwei Kavaliere von 17, auf dem Bahnhof Jannowitzbrücke in die S-Bahn stiegen, verstummten die Gespräche im Abteil unter dem Eindruck ihrer Persönlichkeiten. Mit nachlässiger, aber kraftstrotzender Grazie schoben sich die beiden durch die Tür. Ihre Beinkleider hielten sie mit den Händen fest, die sie zu diesem Zwecke tief in die Hosentaschen geschoben hatten. Mittels einer langsamen Kopfdrehung ließen sie ihren Blick über die bereits vorhandenen Personen schweifen, um festzustellen, ob Verständnis dafür vorhanden war, daß sie von allen Abteilen des Zuges gerade dieses durch ihre Anwesenheit ehrten. Einige Passagiere schlugen die Augen beschämt nieder, da sie Minderwertigkeitsgefühle bekamen.

Dem hätte ich ja einen unters Kinn setzen können, sagte Willi.

»Hoppla, Frollein«, sagte Willi leutselig zu dem Mädchen, dem er auf den Fuß getreten hatte. Dann fiel ihm ein, daß hier vielleicht die Gelegenheit wäre, einen guten Witz zu machen und die Reisenden fröhlich zu stimmen, und er fügte hinzu: »Gern geschehen, Frollein!«

Kaum war Willi dieser hervorragende Spaß gelungen, so brach er in ein dröhnendes Gelächter aus, das von den Wagenwänden widerhallte.

Kurt, der ebenfalls ein Freund zarter Pointen war, lachte mit, allerdings etwas höher, mehr in der Höhe der Eigenschwingungszahl der Fensterscheiben, die demzufolge auch anfingen zu klirren. Sonst war kein Echo zu vernehmen. Nur ein Säugling in der hintersten Ecke des Wagens fing vor Bestürzung an zu weinen und mußte von seiner Mutter beruhigt werden. Das Mädchen mit dem getretenen Fuß sah zum Fenster hinaus.

Kurt und Willi blickten sich enttäuscht an. Außer ihnen beiden schien in diesem Abteil niemand Sinn für Humor zu haben. »Anscheinend auf dem Wege zu einer Beerdigung«, sagte Willi mit einer Kopfbewegung zu dem Mädchen hin. Dann brachen Kurt und er über diesen neuen Scherz wiederum in ein herzhaftes Lachen aus, das der Säugling diesmal schon etwas gefaßter hinnahm. Kurt schlug Willi ermunternd auf die Schulter und flüsterte ihm mit großer Lautstärke ins Ohr: »Laß man, Willi, alle Mädchen können nicht so munter sein wie meine Ella. Wenn die hier wäre, würde der ganze müde Verein hier Lachkrämpfe kriegen. So haut die auf die Pauke! Garantiert,

Willi!« Ein Schauer durchrieselte das Abteil bei dem Gedanken, daß Ella vielleicht noch erscheinen könnte. Aber der Zug fuhr bereits an. Kurt nickte und warf dem schweigsamen Mädchen einen vorwurfsvollen Blick zu. »Ella ist so!« sagte er, zog vorübergehend die rechte Hand aus der Tasche, machte eine Faust und hielt sie in Augenhöhe. Alle Leute im Abteil sahen auf die Faust und wußten nun genau, wie Ella ist.

Die Vorstellung, daß er selbst noch eine solche Ella entbehren mußte, stimmte Willi melancholisch. Er begann zu singen: »Domino! Domino! Warum hast du so traurige Augen ...« Kurt schlug mit dem Absatz den Takt gegen die Tür. Der Säugling wurde wieder etwas unruhiger. Die übrigen Passagiere lauschten der Musik. In diesem Augenblick durchfuhr der Zug eine Kurve, auf die Willi nicht vorbereitet war. Er taumelte gegen das Mädchen und mußte den Gesang abbrechen. Aber das nahm er keineswegs übel. »Frollein«, sagte er versöhnlich, »wir scheinen doch zusammenzugehören. Wo fahrn Se denn eijentlich hin? Kann ick nich mitkomm?«

Da öffnete das Mädchen endlich den Mund und sagte lächelnd: »Wollen wir den jungen, Mann mitnehmen, Egon?«

Neben dem jungen Mädchen wurde eine umfangreiche Zeitung zusammengefaltet, und dahinter kam etwas zum Vorschein, was Willi nach der Schulterbreite für zwei Männer eingeschätzt hätte. Es war aber nur einer. Offensichtlich Egon, der jetzt aus 1,80 m Höhe mild, aber auch kritisch auf Willi hinunterblickte. Mit einem Organ, das auf einen gut entwickelten Brustkasten schließen ließ und den Stimmwechsel längst hinter sich hatte, sagte er: »Warum nicht? Du langweilst dich ja sowieso immer beim Kartoffelschälen, und der junge Mann kann so schön singen ...«

»Verzeihung«, sagte Willi zurückhaltend, beinahe bescheiden, »ich wußte nicht, daß ... äh ... die Herrschaften ver ... verheiratet sind.«

»Das konnten Sie auch nicht wissen«, lachte Egon und legte seine rechte Hand so herzlich auf Willis Schulter, daß dieser ganz automatisch in eine tiefe Kniebeuge ging. Das sah sehr ulkig aus, da er seine Hände immer noch in den Hosentaschen hatte. Darüber mußte sogar der Säugling lachen. Alle anderen Leute im Abteil lachten auch. Nur Kurt und Willi nicht. So verschieden sind die Ansichten über Humor!

Aber Egon war ein freundlicher Mensch und zog Willi sofort wieder in die Höhe. »Deshalb können Sie doch mitkommen«, meinte er. »Sie werden sich bei uns bestimmt wohlfühlen!«

Der Dozent fragt nach dem Unterschied zwischen Sozialismus und Kommunismus.
Der Student sagt: »Wie schon Bert Brecht sagte, ist der Kommunismus das Einfache, was schwer zu machen ist.«
Der Dozent ist zufrieden: »Und wie ist das mit dem Sozialismus?«
Der Student denkt nach, dann sagt er: »Sozialismus ist das Schwere, das einfach nicht zu machen ist.«

»O bitte … nein«, flüsterte Willi und sah sich verstohlen nach Kurt um. Aber der blickte ganz in Gedanken versunken zum Fenster hinaus. »Ich … ich will nicht stören. Und außerdem habe ich keine Zeit.«

»Hm«, meinte Egon bedauernd, »haben Sie vielleicht Ihre Schularbeiten noch nicht gemacht? Die können Sie doch ruhig bei uns erledigen! Wir helfen Ihnen dabei!«

»Nein«, rief Willi erschrocken. »Ich habe keine Zeit …«

»Schade«, sagte Egon enttäuscht. »Aber wenn Sie wirklich müssen, dann wollen wir Sie natürlich nicht abhalten.«

Da lief der Zug schon auf dem Bahnhof Alexanderplatz ein.

»Dem hätte ich ja einen unters Kinn setzen können«, sagte Willi auf dem Heimwege zu Kurt. »Aber in Gegenwart einer Dame … na ja, man ist eben immer zu rücksichtsvoll!«

Vater und Sohn

»Seid ihr noch nicht fertig?« fragte Frau Schulze ungeduldig, als sie zum vierten Male den Kopf durch die Tür steckte und ihre beiden »Männer« immer noch eifrig in den Eingeweiden des Radioapparates wühlen sah.

»Wer wird mir denn nun endlich die Haken in der Küche einschlagen?«

»Gleich fertig, Mutter«, sagte Willi. »Bloß noch den Rückkopplungskondensator durchprüfen. Er scheint ein bißchen Schluß zu haben.«

»Das wird wohl Vater allein schaffen«, sagte Frau Schulze. »Komm, Willi, ich muß die Gardinen aufhängen.«

Willis Kopf tauchte aus dem Kasten auf. »Na ja, wenn es sein muß … Den Wellenschalter mußt du auch durchsehen, Vater!«

Vater Schulze starrte verloren auf das Gewirr von Drähten, dem er nun allein ausgeliefert war.

»Moment mal, Willi«, sagte er, als sein Sprößling gerade zur Tür hinaus wollte, »bleib du man lieber hier. Die Haken werde ich einschlagen. Das ist noch zu schwer für dich. Da kann man sich nämlich mächtig auf die Finger klopfen.«

Eulenspiegeleien

Beginn des Vortrages:
„Das fröhliche Jugendleben"

... und Ende des Vortrages

Fritzchen bringt die Fibel seines älteren Bruders mit in die Schule. Die Lehrerin sagt: »Das ist gut, daß ihr die Bücher teilt. Lies uns doch mal ein Wort aus der Fibel vor.« Fritzchen blättert und buchstabiert schließlich: »B-u-t-t-e-r. Butter. Frau Lehrerin, was ist Butter?« – »Hm, wie soll ich das jetzt erklären, laßt uns im sozialistischen Lexikon der DDR nachsehen.« Die Lehrerin liest vor: »Butter: kapitalistischer Brotaufstrich, 1952 nach einstimmigem Politbürobeschluß und mit Zustimmung der Bevölkerung abgeschafft.«

Der Lehrer fragt: »Wo wurde der Sozialismus geboren?« Da meldet sich Fritzchen: »Im Harz!« Verwundert fragt der Lehrer: »Wieso denn das?« – »Mein Vater sagt: zwischen Sorge und Elend.«

E. R. Greulich

Ein feines Spielzeug

»Kommen Sie doch eine Minute herauf und sehen Sie sich Achims neue Eisenbahn an«, sagte Frau Brösel. Ich wollte abwinken, da gab mir Margit einen Knuff. Herr Brösel rasierte sich gerade, versprach aber anschließend eine Vorführung. »Kann denn nicht Achim …?« fragte Margit. Frau Brösel unterbrach sie: »Der macht meinen Mann nur nervös. Ich koche rasch einen Tee.«

Wir tranken den Tee im Stehen. »Unsere überflüssigen Stühle sind auf dem Boden«, erklärte Frau Brösel. Die Küche war vollgebaut mit Möbeln. Der Rest Wohnzimmermöbel stand im Schlafzimmer. Man konnte noch gut von der Schmalseite in die Betten gelangen.

Misch dich nicht in technische Angelegenheiten, meinte Herr Brösel zu seiner Frau.

»Solch kleine Unannehmlichkeiten nimmt man für sein Kind schon mal in Kauf«, sagte Frau Brösel, als sie uns ins Wohnzimmer führte. Das war ausgefüllt von einer riesigen Tafel mit Landschaft und Eisenbahn.

»Da war doch wieder der Bengel dran«, schimpfte Herr Brösel und begann Wagen und Lokomotiven auf die Schienen zu setzen. Das schien schwierig, es war sozusagen eine Schmalspurbahn. Am schwierigsten war das Zusammenkoppeln. Dazu benutzte Herr Brösel eine Pinzette.

»Hol mal die Lupe!« befahl er. Frau Brösel fand die Lupe nicht, und so nahm das Koppeln etwas Zeit in Anspruch. Wir tranken Tee im Stehen.

Nach einer knappen Stunde stand alles parat. Nun ging Herr Brösel ans Schaltwerk, warf einen Hebel herum und drückte auf einen Knopf. Kleine Lämpchen in Bahnhöfen und Schrankenhäuschen gingen dauernd an und aus.

»Sehr niedlich, Blinkfeuer«, sagte Margit.

»I wo, rasch geschaltet«, belehrte sie Herr Brösel etwas nervös. Er drückte einen anderen Knopf. Jetzt vibrierten alle Weichen und sprühten Funken. Es gab viele Weichen. Es war ein schönes Feuerwerk.

»Aber Eberhard, der grüne Knopf ganz links«, sagte Frau Brösel und näherte sich dem Kommandostand.

»Laß die Hände vom Spielzeug des Jungen«, zischte Herr Brösel. Er mußte sich etwas Schweiß von der Stirn wischen.

Inzwischen drückte Frau Brösel doch den grünen Knopf. Vier Züge rasten zugleich los. Leider in entgegengesetzter Richtung. Die Landschaft erzitterte vom Verkehrschaos.

»Eleonore, das war das letzte Mal!« brüllte Herr Brösel und begann mit zitternden Händen zwei zusammengestoßene Züge aus dem Tunnel zu fischen.

Frau Brösel weinte, Herr Brösel fischte. Wir tranken Tee im Stehen.

Nach kaum wieder einer Stunde war der Tunnel frei und alles im Gleis. Leider war die Pinzette im Tunnel geblieben. Deshalb benutzte Herr Brösel zwei Streichhölzer zum Koppeln. Das dauerte natürlich ein halbes Stündchen länger. »Passen Sie auf«, sagte Herr Brösel.

»Erst den roten, ehe du ....!« rief Frau Brösel.

»Misch dich nicht andauernd in technische Angelegenheiten ein«, warnte Herr Brösel und drückte doch den grünen Knopf. Eine Schranke ging herunter, dann ein Signal hoch. »Na bitte«, sagte Herr

Brösel, »jetzt kann er fahren.« Der Zug fuhr auch. Leider rückwärts, wobei er aus den Schienen sprang.

»Ich wußte doch, die Weiche«, flüsterte Frau Brösel.

»Laß die Weiche, such lieber das Schaltschema!« schrie der Gemahl. Frau Brösel suchte das Schaltschema, bald suchten beide. Wir tranken Tee im Stehen.

Dann kam Frau Brösel und entschuldigte ihren Gatten. Ihm sei nicht gut, er habe sich etwas hingelegt. »Darf ich Ihnen noch Tee …?« fragte sie. Wir bedankten uns für den interessanten Sonntagvormittag und gingen. Die Küchentür stand etwas offen. Klein Achim saß auf dem Fußboden, blies die Backen auf und machte »scht-scht-scht«. Hingegeben bugsierte der Vierjährige etwas unter einem Hocker hindurch. Es war eine solide Holzeisenbahn.

»Jetzt hast du so lange gespielt, bis sie kaputt ist, Vati, und ich habe zu tun, sie wieder in Ordnung zu bringen.«

Erich Brehm

Ein schwerer Fall

In das Zimmer des Schulleiters trat mit dem traurigsten Gesicht der Welt der Hausmeister. »Der Vater von dem Schnürholz ist draußen«, sagte er in einem Ton, als habe er die Sintflut anzusagen.

Schnürholz? Der Schulleiter überlegte. Das war doch der Schüler, den der Lehrer Muffelmann vorgestern geohrfeigt hatte. Es war nicht die erste Ohrfeige gewesen, die Muffelmann, noch ein Pauker von altem Schrot und Korn, verteilt hatte. Aber diesmal hatten die Behörden Ernst gemacht. Muffelmann war sofort entlassen worden.

»Eltern sind immer willkommen!« sagte der Schulleiter lächelnd. »Als ich vor vierzehn Tagen hier meinen Dienst antrat, hatte ich ja noch Angst, ob ich hier bestehen würde. Aber heute? Solche Eltern habe ich mir in meinen kühnsten Träumen nicht erhofft! So etwas Liebes, Nettes und Vernünftiges!«

»Sie kennen eben den Vater vom Schnürholz noch nicht!« sagte der Hausmeister bedrückt. »Entschuldigen Sie – aber Sie tun mir jetzt schon leid!«

»Unsinn«, rief der Schulleiter, »er wird sich bedanken wollen, daß wir den Ohrfeigenverteiler entlassen haben!«

Der Hausmeister schüttelte den Kopf. »Der Schnürholz bedankt sich nie!« sagte er dann. »Das wissen alle hier im Ort.« Redselig berichtete er weiter: »Immer das letzte Wort will er haben, und einen richtigen Beruf hat er auch nicht. Alle acht Wochen macht er etwas anderes. Erst handelte er mit Eisenwaren, dann wurde er Vertreter, dann wollte er ein Kino aufmachen, dann ein Wirtshaus – augenblicklich hat er eine Entenfarm. Das ist ein schwerer Fall, sage ich Ihnen!«

»Sie übertreiben!« lachte der Schulleiter. Er fuhr sich durch die Haare und sagte dann: »Ich lasse bitten!«

Der Hausmeister sah seinen Schulleiter an, als sähe er ihn zum letzten Mal und verschwand.

Ein kleiner, dicker Mann, ein langes, dünnes Frauchen hinter sich herziehend, trat ins Zimmer.

»Tag, Direktorchen«, rief er, »ich bin Herr Schnürholz, und das ist meine Frau. Es wirkt heutzutage besser, wenn man die Alte ab und zu mitnimmt, wissen Sie? Aber davon verstehen Sie wohl nichts, wie? Sie sehen mir nicht gerade aus, als ob Sie

Ein Arzt und ein Arbeiter unterhalten sich über die Vor- und Nachteile der sozialen Zugehörigkeit.
Der Arbeiter: »Du bist einerseits natürlich besser dran als ich: verdienst mehr Geld, besitzt ein Haus … Aber dafür darf mein Sohn studieren.«
Sagt der Arzt: »Tja, dein Sohn, aber mein Enkel!«

verheiratet sind. Naschen wohl noch überall herum, was? Kirschen in Nachbars Garten und so!« Er drohte dem sprachlosen Schulleiter mit dem Finger und ließ sich auf einen Stuhl fallen. »Ich will mich beschweren!« sagte er plötzlich.
»Über wen?« fragte der verblüffte Schulleiter. »Über mich?«
»Das ist mir egal!« rief der Entenfarmer. »Über Sie, über das Schulamt, über die Regierung, den Staat, über alles!«
Der Schulleiter fühlte, daß er sich zu ärgern begann. Er zählte deshalb im stillen bis fünf, um seine Ruhe zu behalten.
»Das müssen Sie mir ein bißchen näher auseinandersetzen, Herr Schnürholz!« sagte er dann.

Feriengestaltung: zwei rechts – zwei links!

»Damit habe ich von vornherein gerechnet!« rief der Besucher.
»Es hat eben jeder nur eine bestimmte Menge Intelligenz. Aber das eine sage ich Ihnen gleich: Ich bin genau der entgegengesetzten Meinung wie Sie!« Er lief um den Tisch herum. »Wie kommen Sie dazu, den Muffelmann zu entlassen?« fragte er gebieterisch. Dann tippte er dem Schulleiter auf die Brust. »Der Mann wird wieder eingesetzt, verstanden? Der eine Zahn, den er meinem Jochen herausgeschlagen hat, ist doch nicht der Rede wert. Der war sowieso schon lose!«
Der Schulleiter holte tief Luft. »Herr Schnürholz«, sagte er dann, »es ist Ihnen doch sicherlich bekannt, daß die Prügelstrafe bei uns gesetzlich verboten ist.«
Schnürholz winkte ab. »So dürfen Sie mir nicht kommen!« grinste er. »Der Muffelmann hat ja gar nicht geprügelt, der hat ja bloß Ohrfeigen verteilt!«
Der Schulleiter hatte das Gefühl, er müsse jetzt etwas ganz Un-

sinniges tun, dem Schnürholz die Zunge rausstrecken oder das Tintenfaß austrinken oder etwas Ähnliches. Er zählte im stillen langsam bis zehn und wandte sich dann der Frau zu. »Was sagen Sie denn dazu, Frau Schnürholz?«

»Das hat meine Frau gar nicht nötig, hier etwas zu sagen«, erklärte Schnürholz, bevor seine Frau den Mund auftun konnte, »und im übrigen ist sie meiner Meinung.«

Der Schulleiter ließ sich nicht beirren. »Na, Frau Schnürholz«, fragte er, «stimmt das?«

»Ja«, piepste das Frauchen, »meistens wenigstens!«

»Meistens sagst du gar nichts, verstanden?« rief der Dicke. »Und wenn du hier lange Reden halten willst, bleibst du nächstens zu Hause, verstanden?«

Das Frauchen brach in Tränen aus.

»Mit der Gleichberechtigung der Frau scheint es bei Ihnen nicht weit her zu sein«, konnte sich der Schulleiter nicht enthalten zu bemerken.

Aber Schnürholz war nicht zu erschüttern. »O doch«, sagte er, »Gleichberechtigung – das ist eine gute Sache! Ich bin sehr dafür, daß die Frauen genauso arbeiten wie die Männer!«

»Frau Schnürholz, beruhigen Sie sich doch bitte!« sagte der Schulleiter, sich über den Tisch beugend und der immer noch schluchzenden Frau tröstend die Hand auf den Unterarm legend.

»Herr Schulleiter«, brauste Schnürholz auf, »ich verbitte mir, daß Sie meine Frau hier erotisch belästigen! Sie sind mir gerade der Richtige, Sie Casanova, Sie!«

Der Schulleiter merkte, daß er dabei war, den Kopf zu verlieren und daß auch Zählen bis hundert ihm nicht mehr helfen würde.

»Jetzt lassen Sie bitte Ihre Faxen, Herr Schnürholz!« rief er erbost, »sonst muß ich Sie bitten zu gehen!«

Schnürholz sah ihn groß an und sagte dann verachtungsvoll: »So sieht also ein Pädagoge aus! So wird man also behandelt als ehrlicher Bürger, der arbeitet und demokratisch seine Enteneier großzieht! Da wird man einfach vor die Tür gesetzt, wenn man auch nur den Mund aufmacht!«

Er redete sich immer mehr in Wut und schrie schließlich, mit beiden Fäusten auf den Tisch schlagend: »Ich lasse mich nicht aus der Ruhe bringen! Von Ihnen nicht! Ich gehe bis zum Präsidenten! Wir sprechen uns noch vor Gericht!«

»Wie Sie wollen«, sagte der Schulleiter matt, »aber bitte, gehen Sie nun!«

»Wie ist der wesentliche Grundsatz des Sozialismus?« fragt der Lehrer. Paulchen antwortet: »Arbeite mit, plane mit, regiere mit!«
»Ja«, sagt der Lehrer, »das ist auch einer unserer Grundsätze, aber dafür bekommst du nur eine Zwei. Denn unser wichtigster Grundsatz ist: ›Im Mittelpunkt steht der Mensch.‹« Da meldet sich Fritzchen: »Krieg ich eine Eins, wenn ich den Namen weiß?«

Schnürholz schluckte einige Male. »Herr Schulleiter«, sagte er dann ölig, »ich finde, unsere Unterhaltung ist so weit gediehen, daß wir uns als vernünftige Männer zusammensetzen und die Sache ins reine bringen sollten!«

Der Schulleiter riß sich zusammen. »Herr Schnürholz«, sagte er, »Sie kommen hierher, beleidigen mich, schimpfen, drohen mit dem Gericht, bringen Ihre Frau zum Weinen …«

»Ach die«, rief Schnürholz, »daraus dürfen Sie sich nichts machen! Die heult immer so leicht!«

»Ich will Ihnen offen sagen«, fuhr der Schulleiter fort, »daß ich auf diese Weise nicht mit Ihnen reden kann!«

Schnürholz sah ihn an und seufzte tief auf. Dann holte er aus seiner Tasche ein Paket und legte es auf den Tisch. »Ich habe Ihnen übrigens ein paar Enteneier mitgebracht«, sagte er.

Der Schulleiter griff sich an den Kopf. »Und nun haben Sie auch noch versucht, mich zu bestechen!« rief er.

»Aber nur versucht!« betonte Schnürholz.

»Und ich habe versucht, mit Ihnen zu reden, aber leider ohne Erfolg.«

»Es ist eben nicht jeder so intelligent wie Sie!« erklärte Schnürholz, nun wieder ganz giftig. »Ich bin ja nur ein kleiner Mann mit meiner Entenfarm! Aber Sie sind der große Herr Schulleiter! Sie stellen die Macht des Staates dar, Sie haben das Gesetz hinter sich! Da kommt unsereiner natürlich nicht mit!«

»Vater, was ist ein Kreistier?«
»So was gibt es nicht.«
»Warum gibt es dann einen Kreistierarzt?«

Der Schulleiter rang die Hände. »Wenn ich so etwas höre!« rief er. »Kleiner Mann!! Sie wissen doch, daß bei uns der ganzen Bevölkerung Stahlwerke gehören, Bergwerke, riesige Betriebe, die neue Schule hier – das gehört Ihnen doch auch alles!«

Schnürholz schien jetzt ehrlich verblüfft zu sein. »Was denn?« fragte er, »die große Hüttenkombination, wo ich neulich das Photo mit den Hochöfen gesehen habe – das gehört mir auch?«

Der Schulleiter mußte wider Willen über die Verwunderung des »kleinen Mannes« lächeln … »Natürlich! Ihnen und allen anderen Bürgern unserer Republik!«

Schnürholz überlegte. »Meiner Frau auch?« fragte er dann.

Der Schulleiter nickte.

»Sehen Sie mal an!« staunte Schnürholz. »Und dem Jungen von

zwei solchen Leuten haut der Muffelman einfach eine runter?«
rief er empört. »Der muß ja reineweg verrückt gewesen sein!«
»Verrückt nicht«, sagte der Schulleiter, der Hoffnung schöpfte,
»aber er wollte eben nicht begreifen, daß niemand unsere Kinder zu schlagen hat! Niemand!«
»Außer den Eltern natürlich!« meinte Schnürholz.
»Aha«, sagte der Schulleiter. »Sie schlagen also Ihren Jungen?«
»Aber feste!« rief die Frau plötzlich und kroch dann wieder in
sich zusammen, erschrocken über ihren eigenen Mut.
»Wenn der Bengel nicht pariert, gibt es natürlich Senge!« er-
klärte der Dicke.
»Herr Schnürholz«, sagte der Schulleiter beinahe flehend, »wir
wollen doch gar nicht, daß er ›pariert‹! Wollen wir ihn nicht

*»Mutti, das ist der
Junge, der immer mit
Steinen schmeißt!«*

lieber so erziehen – wenn
es auch noch so schwer
ist –, daß er sich aus eigener Einsicht vernünftig be-
nimmt?«
Schnürholz stand auf.
»Herr Schulleiter«, sagte
er feierlich, »ich stelle zum
erstenmal fest, daß wir
uns verstehen! Vernünftig
– das ist auch meine Lo-
sung! Ich bin ja selber mit
Vernunft erzogen worden
und, wie Sie sehen, ein
vernünftiger Mensch ge-
worden! Hier – meine
Hand darauf, als Mann zu
Mann! Ich helfe Ihnen, wir arbeiten zusammen!«
Dem Schulleiter stieg vor Freude das Blut in den Kopf. Triumphierend ergriff er die ihm entgegengestreckte Hand.
»Großartig, daß wir doch noch zu einem guten Ende gekommen
sind!« rief er. »Aber nun wollen wir das gute Ergebnis nicht wieder zerreden. Ich besuche Sie bald einmal, ja?«
»Bitte, bitte«, sagte Schnürholz, »ich habe nichts dagegen.« Er
griff seine Frau und schickte sich zum Gehen an. »Ach, noch
eins«, sagte er, sich in der Tür noch einmal umwendend, »wenn
Ihnen der Jochen inzwischen nicht pariert, hauen Sie ihm ruhig
ein paar hinter die Löffel, verstanden?«

4. Kapitel

Was des Volkes Hände schaffen

Wir Werktätigen in Stadt und Land

»Aufbausonntag ist heute wieder … wir singen hau ruck, hau ruck …«, so klang das Anfang der 50er Jahre. Die Kriegsschäden sind längst noch nicht beseitigt. Neue **Industrie-, Sozial- und Wohnbauten** müssen errichtet werden. Das Nationale Aufbauwerk wird initiiert: landesweit finden freiwillige Aufbauschichten statt. Der **Neuaufbau Berlins** wird zur zentralen Aufgabe erklärt, die Errichtung des **Hochhauses an der Weberwiese** gefeiert: »Es wächst in Berlin, in Berlin an der Spree / ein Riese aus Stein in der Stalinallee. / Die Spatzen vom Alex, die zählen bis acht / und schon ist wieder ein Stockwerk gemacht.« Als Staatsakt werden Grundsteinlegungen – wie für das **Eisenhüttenkombinat Ost** oder den Bau der **Stalinallee** – begangen. Die Partei, die den planmäßigen Aufbau des Sozialismus beschlossen hat, stellt den Aufbau der Schwerindustrie in den Mittelpunkt und forciert die Bildung von **Landwirtschaftlichen Produktionsgenossenschaften**. Die Werktätigen in Stadt und Land, so sieht es die Partei, setzen ihre ganze Kraft in die Erfüllung des 1951 verabschiedeten **Fünfjahrplans**. Und wir können hier nachlesen, wie LPG-Bauern, Funktionäre, Büroangestellte, Kellner, Osterhasen, Reinemachfrauen, Direktoren es handhaben.

Ulrich Speitel

Anleitung

Fritz Wohlert war Vorsitzender der LPG in Willun. Als er am Frühstückstisch saß, stellte sich Besuch ein. »Na, Kollege, was bringst du?« fragte Wohlert. »Ich komme vom Energiebezirk Nord und soll euch helfen und anleiten.« Wohlert machte »Aha!«, zerkaute gemächlich den letzten Bissen und bat seinen Besucher ohne weitere Erklärungen mitzugehen. Im großen Kuhstall deutete er an die Decke: »Hier muß Licht rein. Es wäre schön, wenn du das machen könntest. Der Anschlußmast steht drüben an der Ecke.« – »Ja, ja«, murmelte der Kollege, »aber weißt du, die Sache ist so: Ich bin von der Verwaltung und habe davon leider keine Ahnung.« – »Aber ihr wollt uns doch helfen? Dann schickt doch mal ein paar Monteure her.« – »Hm, hm, sieh mal, ich habe hier einen Freundschaftsvertrag für euch, da steht das eigentlich gar nicht drin. Ich weiß auch nicht, ob wir Zeit dazu haben. Ich sollte euch unmittelbar anleiten, verstehst du, unmittelbar. In der Frühjahrsbestellung, in den Rüben und so. Wieviel Pferde habt ihr denn?« – »28.« – »Und Kühe?« Der Kollege notierte sich alles sehr gründlich, stellte Fragen über Fragen, bis Wohlert meinte: »Jetzt kennst du unseren Betrieb. Nun leg man los!« – »Ja, ja, wird gemacht. Sag mir noch, wie steht's mit den Rüben?« – »Die sind längst gedrillt.« – »Na also! Gut, gut, ist ja prima. Ich muß jetzt leider fahren. Macht weiter so! Ich komme bald mal wieder.« Damit knatterte er mit dem Motorrad davon.

Wohlert verzog ärgerlich sein schon braungebranntes Gesicht, spuckte in hohem Bogen in den Sand und drehte sich um. Da stand neuer Besuch vor ihm. Der Kollege war vom Eisenwerk. Er wollte anleiten und helfen. Von kaputten Zahnrädern und Drillscharen hatte er keine Ahnung, weil er Leiter der Personalstelle war. Dafür interessierte er sich aber für Tauben und empfahl, in der LPG die Taubenzucht so richtig in Schwung zu bringen. »Tauben, mein Lieber, sind nicht nur sehr schöne, sondern auch sehr nützliche Tiere. Was schließlich die Friedenstaube ... übrigens, wie steht's bei euch mit der Frühjahrsbestellung?« Wieder mußte Wohlert Rede und Antwort stehen bis gegen 10 Uhr. Dann empfahl sich der Kollege mit dem Versprechen, bald wiederzukommen.

Mißmutig ging Wohlert nach Hause. Er hatte sein Frühstück vergessen. Vor der Haustür stand ein Auto der Kreisverwal-

---

Ernteeinsatz der Staatlichen Plankommission bei einer LPG. Die Mitarbeiter sammeln auf dem Feld Kartoffeln, der Leiter soll sie in der Scheune nach Größe sortieren. Als der LPG-Vorsitzende nach dem Rechten schauen will, trifft er den Mann schweißgebadet und schwer erschöpft an. »Die Arbeit ist wohl zu schwer?« fragt er. »Ach nein«, antwortet der Leiter, »nicht die Arbeit, aber diese ständigen Entscheidungen!«

tung. »Gut, daß ihr kommt«, sagte Wohlert. »In unserem Finanzplan scheint irgendein Fehler zu stecken. Ihr geht damit am besten zu unserer Buchhalterin, die weiß Bescheid.« Die beiden
Kollegen hatten jedoch anderes auf dem Herzen, Wichtigeres,
wie sie sagten. Es handele sich jetzt nicht um den Finanzplan,
sondern um die Kartoffelpflanzung. Darüber wollten sie die
Kollegen beraten und anleiten. Bei der Anleitung stellte sich

indessen heraus, daß
die Kollegen zwar ver-
schiedene Schreibma-
schinentypen kannten,
aber von Kartoffelsor-
ten nicht mehr Ahnung
hatten als eine Kuh von
Gänseeiern. Immerhin
notierten sie sich die
Anbaufläche, den Saat-
gutbedarf und einiges
mehr, worauf sie befrie-
digt von dannen fuhren,
der Vorsitzende, Woh-
lert aber noch nicht aufs
Feld kam.

Inzwischen war nämlich ein Kollege von der HO erschienen. Allerdings nicht mit einem Verkaufszug, sondern um einen Vortrag über Arbeitskleidung vorzubereiten.

Es gelang dem Kollegen Wohlert tatsächlich, noch vormittags
aufs Feld zu gehen. Dort schien neuer Ärger zu warten. Der Ge-
spannführer Manke fuchtelte da einem Mann mit der Peitsche
vor der Nase herum. Der hielt die Pferde am Zügel und ließ sie
nicht auf den Acker. Als er Wohlert erblickte, kam er auf ihn
zu: »Bist du der Brigadier?« – »Nein, der Vorsitzende.« – »Um
so besser. Sag doch dem verrückten Kerl mal, daß er mit der
Walze von den Kartoffelfurchen verschwindet.« – »So? Warum
denn?« – Der Mann stutzte, dann legte er los: »Also die Kartof-
fel will locker liegen, luftig, förmlich im Acker hängen will sie,
verstehst du? Aber ihr drückt den Acker fest mit eurer Walze
und schnürt ihr die Luft ab«, wobei er sich selber an der Gur-
gel drückte. »Aber sie braucht Wasser, sonst geht sie nicht
auf«, entgegnete Wohlert. »Ach nee, sieh mal an. Und im Keller und in der Miete, gibst du ihr da auch Wasser? Die hat
alleine Wasser genug, sag ich dir.« Er wandte sich an Manke:
»Los, fahr vom Acker runter!« – »Halt!« bremste Wohlert. »Sieh

*»Guten Tag allerseits.
Das Ministerium für
Land- und Forstwirt-
schaft schickt mich, ich
soll mit euch übers Ab-
lieferungssoll diskutie-
ren. Ich habe aber
wenig Zeit. Tippt alle
Fragen sauber ab, drei
Durchschläge, schickt
sie mir zu. Auf Wieder-
sehen.«*

Vorschlag für ein neues SED-Abzeichen: Rote Füße auf schwarzem Grund – die Genossen tappen im Dunkeln.

dir den Acker an. Wir müssen die Stücke zerdrücken.« – »Komm mal mit, komm mit«, eilte der Kollege auf die schon gewalzten Dämme zu. »Hier!« Er wühlte mit der Stiefelspitze in der Erde herum. »Da liegen die Klumpen. In die Furchen gedrückt. Und hier – komm mit!« Er stapfte auf die Mieten zu, schob das Stroh beiseite und hielt Wohlert eine Handvoll Kartoffeln unter die Nase: »Vor ungefähr drei Tagen geschnitten, nicht?« – »Ja.« – »Und wann wollt ihr sie pflanzen?« – »Übermorgen.« – »Aber die Schnittfläche muß vorher richtig verhärten, sonst sind sie anfällig, verstehst du?« – »Nun sag mir endlich, wer du bist«, unterbrach Wohlert. »Ich?« wunderte sich der andere. »Ach so, ja, entschuldige. Ich will euch nämlich ein wenig helfen. Schwarz ist mein Name. Fachschullehrer.« – »Endlich, endlich«, lächelte Wohlert erfreut und klopfte dem Kollegen auf die Schulter, was der allerdings nicht recht verstand.

Ballade von der Reinemachefrau N.

Da war Frau N., sie hatte graues Haar,
und ihre Tat ist schnell umrissen:
Sie war, trotz ihres Alters, dienstbeflissen
und wußte nicht, was Staatsbewußtsein war.
       Und neulich ging sie reinemachbereit
       ins Werk in L. mit ihrer robusten
       Natur, doch nicht erweislich staatsbewußten
       gesellschafts-orientierten Tätigkeit.
In ihr Bewerbungsschreiben schrieb sie rein:
»Ich kann gut putzen, schrubben, bohnern, scheuern
und habe einen Sohn in Reichersbeuern,
das liegt im Westen, und bin ganz allein …«
       Kaum hatte Personaldirektor Brand
       den Fragebogen der Frau N. gelesen,
       da rief er schon: »Reißt ihr den Bohnerbesen,
       denn sie hat kein Bewußtsein, aus der Hand!«
Das Herz der Alten hat vor Schmerz geklirrt,
weil sie empört war über die Kabale,
wodurch selbst Dreck, der relativ neutrale,
zu einer Frage des Bewußtseins wird.

Hansgeorg Stengel

Eulenspiegeleien

„... und das haben wir für unsere Neuen eingeführt, weil der Meister sich immer so selten macht ..."

„Meister, das sind die Fragebogen zur Erfassung der technisch begründeten Arbeitsnorm. Termin: 15 Uhr!"

„Jetzt haben wir Verträge abgeschlossen mit der Kistenfabrik, mit der Speditionsfirma, mit der Versicherung, mit der Etikettendruckerei, mit der Nagelfabrik, aber nur mit einem nicht: Mit dem Käufer!"

Worin besteht der Unterschied zwischen einem Gespenst und sozialistischer Leitungstätigkeit? Es gibt keinen, alle reden davon, manche beschreiben es auch, aber gesehen hat es noch niemand.

„Entweder die Kollegen der Abteilung Aufbau kaufen mir einen neuen Regenschirm, oder ich bekomme endlich einen trockenen Stall."

Erich Hanko

Legeschwierigkeiten

Der Schulzendorfer Osterhase war kein Neuling im Umgang
mit Behörden. Deshalb hatte er seinen Antrag auf Legegenehmigung bereits im Herbst in dreifacher Ausfertigung eingereicht. Er hatte richtig kalkuliert. Am 15. März ging die Genehmigung bei ihm ein, gerade als er anfangen wollte, illegal zu
legen. Genau an demselben Tage erhielt auch der Waltersdorfer Kollege seinen Schein. Alles schien in bester Ordnung.
Bei genauerem Hinsehen allerdings ergab sich eine unerwar-
tete Schwierigkeit. Die Legegenehmigung des Schulzendorfer
Hasen lautete nämlich auf Waltersdorf und die des Waltersdorfer Kollegen auf Schulzendorf. Ein Mißverständnis?
Auf telefonische Anfrage erklärte die zuständige Behörde, daß
dem nicht so sei. Die Zuteilung der Legebezirke sei nach einem
wohldurchdachten Schema erfolgt. Lokale
Gesichtspunkte konnten dabei nicht berück-
sichtigt werden. Wenn der Schulzendorfer
Hase meinte, wohlbegründete Verbesserungs-
vorschläge vorlegen zu können, dann solle er
das auf dem Dienstwege in sechsfacher Ausfertigung tun.

Die Idee ist zu einfach, lieber Kollege, sie kann schon aus diesem Grunde verwaltungstechnisch nicht ganz in Ordnung sein.

Schon wollte sich der Schulzendorfer seufzend an die Arbeit
machen, da sagte der Waltersdorfer: »Nee, mein Lieber, hat gar
keinen Zweck! – Ich will ja schließlich Ostereier legen und
keine Pfingst- oder Weihnachtseier!« – »Also willst du wirklich
in meinem Bezirk legen, und ich soll in deinem? Bedenke die
sinnlosen Transportleistungen und die überflüssigen Wege!«
»Die Sache machen wir ganz anders«, sagte der Waltersdorfer.
»Die ist so einfach wie das Osterei des Kolumbus. Du ziehst
nach Waltersdorf und übernimmst meinen Betrieb. Ich ziehe
nach Schulzendorf und lege dann vorschriftsmäßig in deinem
Revier.«
Der Schulzendorfer lächelte überlegen: »Die Idee ist zu einfach, lieber Kollege. Sie kann schon aus diesem Grunde verwaltungstechnisch nicht ganz in Ordnung sein. Die Frage ist nämlich die, ob du noch als Waltersdorfer Hase giltst, wenn du
nach Schulzendorf gezogen bist. Da müßte man doch erst mal
anfragen.«
»Frage ruhig an«, grinste der Waltersdorfer. »Ehe der Bescheid
eingeht, sind wir schon längst wieder umgezogen.«

Fritz Bernhard

Die heilige Pause

Abteilungsleiter Fetting saß hinter einer Thermosflasche, einem kleinen Stullenberg und einem Teller Obst an seinem Schreibtisch, frühstückte bedächtig und las den Roman der Morgenzeitung, als der Direktor eintrat.

»Morgen, Kollege Fetting.«

»Guten Morgen, Kollege Direktor.« Fetting erhob sich, gab seinem Vorgesetzten die Hand und rückte einen Stuhl zurecht. Dann nahm er wieder Platz, um gemächlich weiterzufrühstücken.

Der Direktor ging nervös hin und her. »Tut mir leid, daß ich Sie gerade beim Frühstück stören muß –«

»Oh, das macht nichts weiter, Kollege Direktor. Wenn es Sie nicht stört, daß ich meine Schnitten esse … der Arzt hat mir nämlich geraten, das Frühstück immer möglichst pünktlich einzunehmen. Sonst fehlt mir nachher beim Mittagessen der Appetit, wissen Se?«

Der Direktor blieb stehen. »Es wäre nur schön, Kollege Fetting,

wenn Sie bei der Arbeit genauso gewissenhaft wären wie beim Frühstücken.«

»Oho! Was wollen Sie damit sagen?«

»Was ich damit sagen will? Daß Ihre Abteilung die schwächste im ganzen Betrieb ist, Kollege Fetting. Daß eure Leistungskurve ständig sinkt, das will ich damit sagen. Und daß Sie fast nie einen Termin einhalten, mit einer Ausnahme allerdings.«

»So. Und welche Ausnahme ist das?«

»Das sind Ihre Frühstückstermine«, versetzte der Direktor gereizt.

»Weiter nichts?« Auch Fetting wurde lauter.

»O doch. Die Mittagspause halten Sie auch sehr gut ein.«

Fetting sprang auf. »Gegen diesen Anwurf muß ich mich ganz entschieden verwahren, Herr Direktor!«

»Jetzt hat er drei Stunden Mittag gemacht. Noch drei Sekunden, und ich lasse los.«

»Verwahren Sie lieber Ihre Kaffeepulle, sonst fällt sie noch um!« rief der Direktor.

»Beleidigen laß ich mich nicht!« rief Fetting.

»Was? Ist das vielleicht zuviel gesagt, daß man Sie fast dauernd beim Futtern trifft? Und daß Sie bei jeder Mahlzeit der erste in der Kantine sind? Und daß Sie lieber 'ne Stunde zu früh Feierabend machen als 'ne Minute zu spät?«

»Liebe Kollegen? Das Thema unserer heutigen, auf 8 Uhr angesetzten Diskussion lautet: Wie trage ich durch Pünktlichkeit zur Erfüllung des Fünfjahrplanes bei.«

»Also daß einem hier noch das bißchen Freizeit vorgeworfen wird, das – das ist die Höhe ist das! Sie scheinen ganz zu vergessen, Herr Direktor, daß mir meine Freizeit gesetzlich zusteht und in der Verfassung verankert ist! Ich protestiere auf das schärfste gegen Ihren Versuch, Herr Direktor, mir meine wohlerworbenen Rechte auf Freizeit zu beschneiden!«

»Und der gesamte Betrieb protestiert gegen Ihre verfluchte Bummelei, verstanden?« schrie der Direktor, »Passivisten haben nämlich bei uns als Abteilungsleiter nichts zu suchen, merken Sie sich das!«

»Das ist eine Beleidigung, die ich mir verbitte!« schrie Fetting. »Ich verlange, daß Sie die Beschimpfung ›Passivist‹ sofort und auf der Stelle zurücknehmen!«

»Ach was! Sie können mich mal am Götz von Berlichingen, verstanden?« brüllte der Direktor und ging. Die Tür krachte.

Eine Sekunde stand Fetting betroffen, fassungslos in der Zimmermitte. Dann stürzte er an die Tür, riß sie wieder auf und rief dem davonschreitenden Direktor zornbebend nach: »Aber nicht jetzt in der Frühstückspause, Herr!«

B. Idamann

Kollege B.

In der Registraturabteilung unseres Betriebes arbeitet der Kollege B. seit 32 Jahren. Fleißig und pflichtbewußt erledigt er seine Ablagen, und seit mehr als drei Jahrzehnten gibt es keine Klagen über den Kollegen B., nur anerkennende Worte: »Ja, wenn wir den Kollegen B. nicht hätten!«

Jeder Akt, jeder erledigte Eingang und jeder kopierte Ausgang ist bei ihm in guten Händen, griffbereit liegen die Korrespondenzen, Ab-, An- und Unterlagen in den zugehörigen Fächern, wo die langen Reihen der Ordner stehen; A bis F, G bis K, L bis Qu, R bis Z. Auch die Schnellhefter-mappen Römisch I bis XXXVIII b, mit den je 12 Beiordnern, sind in tadelloser Ord-nung gehalten, obwohl sie Kollege B. bereits teilweise einem jungen Mann, sei-ner Hilfskraft, überantwortet hat (laufen-de Überprüfungen vorbehalten!). Als Kol-lege B. die Hilfskraft bei der Einstellung fragte, ob der junge Mann die Absicht habe, ein guter Registrator zu werden, sagte dieser, daß er sogar ein Aktivist werden wollte. So ein Grünschnabel.

Über »Aktivisten«, von denen seit zwei Jahren soviel Aufhebens gemacht wird, lächelt Kollege B. mild. »Betreffendes« verbannt er hartnäckig aus dem Ordner »A«, er legt es unter »V« ab. »Verschiedenes.« Denn imponieren können sie ihm nicht, diese unruhestiftenden Störenfriede geheiligter Ordnung. Ging es 30 Jahre ohne Aktivisten, werden sie B. im Jahre zwounddreißig seiner Registratorenlaufbahn auch nicht beirren können. Sub »V« mit ihnen: verlorene Sache …

Natürlich gibt es auch gelegentlich Aufregungen in der Regi-stratur. Aber sie dringen nie nach außen. Sie bleiben innerhalb der Wände des Registraturzimmers, genauer gesagt, innerhalb der langen Regalschluchten besagten Bereichs verborgen.

Es kann vorkommen, daß Kollege B. einmal etwas nicht gleich findet, aber Kollege B. findet dann eben das, was er auf den er-sten Griff nicht in die Hand bekommt, bestimmt auf den zwei-ten Griff. Bei der Personalsache Alma Knetschke, verwitwete Bimstingel, geborene Lehmann, waren sogar drei Griffe nötig.

»Ich glaube, der will zu dir!«– »Ja, aber er hält sich immer an den Dienstweg.«

Die Akten fanden sich unter »B« nicht und nicht unter »K«, aber dann schließlich doch unter »L«. Das war eine große Aufregung, damals vor 17 $\frac{3}{4}$ Jahren. Aber größere Aufregungen gab es beim Kollegen B. nicht mehr, und er hütete sich, von geringfügigeren Aufregungen einen Laut nach außen dringen zu lassen. Sein guter Ruf verpflichtet: »Kollege B. findet alles!« Außer heute morgen gegen 10.30 Uhr seine Frühstücksstullen. Er hatte seit Arbeitsbeginn genau 178 Postsachen abgelegt, die Ablagen der Woche und die Durchschriften der Abteilung C. Als der Uhrzeiger die Frühstückspause anzeigte, hatte er noch lächerliche neun Blatt Durchschläge in der Hand. Er legte sie ab. Dorthin, wohin sie gehören: in die Ordner! Das Frühstück konnte warten, und wenn es sein mußte, auch dreizehn Minuten …

Ein Journalist fragt den Bestarbeiter:
»Wie lange arbeiten Sie schon in diesem VEB?«
»Über 5 Jahre«, antwortet der.
»Aber Moment, so lange gibt es doch noch gar keine volkseigenen Betriebe?«
Der Arbeiter zuckt die Schultern:
»Überstunden, viele Überstunden!«

Dann aber verspürte Kollege B. Hunger, oder vielmehr das Verlangen, sich nach getaner Früharbeit für die Vormittagsarbeiten zu stärken. Aber die Stullen sind weg. Der griffgeübte Kollege B. hat 10 Uhr 19 bereits dreimal die Papierhäufchen auf seinem Schreibtisch und auf den Handpulten rechts und links vom Schreibtisch vergeblich abgetastet. Die Stullen sind weg. Der Blick des Kollegen B. gleitet mißtrauisch zu der jungen Hilfskraft hinüber. Der junge Mann hat vor sich eine Ablageaufstellung liegen und eben den letzten Schluck aus seiner Thermosflasche genommen. Jetzt kaut er an einem Bleistiftende. Er kaut!

»Sie, Kollege, haben Sie mein Stullenpaket gesehen?«
Kollege B's Frage ist eine einzige drohende Kampfansage.
»Nein, Kollege B.«, sagt der junge Mann. Aber er kaut an seinem Bleistiftende. Kollege B. rast.
Innerlich rast er schon lange, und jetzt auch äußerlich. Die Schubfächer seines Schreibtisches fahren auf und knallen zu, reihum, und die Rolljalousien vor den Seitenfächern rasseln unheilverkündend. Vergeblich, die Stullen bleiben weg. Der junge Mann hüstelt verlegen.
Nicht, daß er schüchtern ist, aber er empfindet die abgrundtiefe Ratlosigkeit des ordnungsgewohnten Kollegen B. über die Unauffindbarkeit der Stullen als einen persönlichen Schmerz.
»Kollege B., haben Sie schon mal unter ›S‹ nachgesehen?«
»Idiot, unter ›S‹!« zischt Kollege B. und stürzt sich in die Regalschlucht R bis Z. Mit einem gar nicht verlegenen Lächeln kommt er zurück, das Stullenpaket in der Hand. In seinem Lächeln glimmt fast eine leise Spur von Triumph auf.
Denn Kollege B. hatte die Stullen zwar versehentlich abgelegt; aber nicht unter »S«, sondern selbstverständlich unter »St«!

John Stave

Man sieht den Baum vor lauter Wäldern nicht

Wahrscheinlich hatte es nur daran gelegen, daß sie beim besten Willen keinen anderen Gesprächsstoff gefunden hatten. Jedenfalls waren sie mittlerweile über die HO an die Weberwiese gekommen. Gesprächsweise, versteht sich.

»Es soll da ja ganz schön gebaut werden«, sagte der Dicke mit der Biernase und wischte sich die Blume von den dicken Lippen.

»Jaja, ganz schön«, sagte der Hagere.

»Und hoch hinaus«, fuhr der Dicke fort, »sehr hoch hinaus.«

»Himmhimm«, machte der andere und sah den Rauchringen nach, die seiner Zigarre entstiegen.

»Aber«, setzte der Dicke wieder ein, »alles glauben soll man auch nicht. Und ein Staub soll da sein …«

Und – so nehmen wir an – weil der Staub von der Stalinallee bis nach Westberlin in des Dicken Kehle gedrungen war, bestellte er sich noch ein Glas Bier, das er in einem einzigen Zug, einem wahren Kuhschluck, in sich beerdigte.

»Man müßte sich etwas die Beine vertreten«, hub der Dicke von neuem an und linste dem Hageren neugierig in die Pupille.

»Jaja, doch … eigentlich ja … gewiß …«, stotterte der Hagere.

»Man könnte sich die Geschichte ja mal begucken – natürlich nur, um sich vons Gegenteil zu überzeugen!«

»Natürlich nur deshalb«, versicherte der Dicke. »Aber um der Sache den richtigen Reiz zu geben, könn' wir ja vielleicht 'ne kleine Wette, mein ich …?«

Berlin, Hochhaus an der Weberwiese. Am 1. Mai 1952 zogen die Mieter ein.

Kurz und gut, nach Einnahme einer kühlen Weißen mit Schuß sind die beiden abgezittert. Bis zur Sektorengrenze sind sie getippelt und dann erst in die U-Bahn rein; aus finanztechnischen Gründen. Unterwegs war auch die Wette zustande gekommen. Der Dicke hatte zehn Mark gesetzt, wenn es kein Hochhaus an der Weberwiese geben sollte (er wußte nämlich genau, daß es eins gibt. Er war – nur mal spaßeshalber – vor einigen Wochen dagewesen), und der Hagere wollte zehn Mark geben, gesetzt den Fall, es gäbe ein Hochhaus (er wußte nämlich genau … aber nehmen wir die Pointe nicht vorweg). Am Strausberger Platz haben sich die beiden aus der U-Bahn bemüht und standen auf der Stalinallee. Der Dicke ergriff als erster das Wort.

»Sehn Sie, ein schöner Staub, nich?« und freute sich insgeheim auf die Augen seines Begleiters, die der machen würde, wenn er das Hochhaus vor sich sieht.

»Himmhimm«, zirpte der Hagere wieder, »aber nun zeigen Sie mir lieber mal Ihr Hochhaus …«

»Nur die Ruhe, mein Bester«, schnaufte der Dicke in freudiger Erwartung, »da müssen wir noch'n kleines Stückel gehn. Drehn Sie sich mal um, da, hinter der kahlen Fläche …«

Der Dicke faßte sich an den Schädel, unterbrach sich. In dieser Richtung mußte es doch gewesen sein??!! »Wir müssen doch wieder hier zurück, es war die falsche Richtung«, tröstete er sich etwas unsicher. Und wieder hielt der Dicke inne, nahm sein Taschentuch und wischte sich den Schweiß von der Glatze. Der Hagere wunderte sich. Ein wenig triumphierte er schon, weil der Dicke auf einmal so klein geworden war.

»Wo wohnst du denn?« –
»Uff de Wiese.« – »Wat,
in' Zelt?« – »Bist du
dämlich! Uff de Weber-
wiese, im Hochhaus.«

»Na, Dicker«, ermunterte er ihn, »nun weine man nich gleich wegen der zehn Märker …«

Der Dicke suchte noch immer verzweifelt nach der bewußten kahlen Fläche, aber seine Glatze, über die er sich ständig mit dem Taschentuch fuhr, blieb die einzige … Links und rechts, vorn und hinten – überall standen Häuser. »Bitte, kneifen Sie mich mal. Ich muß wohl träumen …«, seufzte der Dicke.

Da wurde der Hagere plötzlich mobil. »Nun werden Se man nich albern«, sagte er zum Dicken, »setzen Sie sich mal hierher, hier auf den Stein. Jetzt werd ich Ihnen mal 'ne ganz kleine Rede halten. Wenn Sie gedacht haben, ich bin so einer, der sich die Hosen mit der Kneifzange anzieht, dann haben Sie sich ganz schön geirrt. Wenn Sie vor Wochen das letzte Mal hier warn, dann habn Sie natürlich noch kahle Flächen gesehen. Und daß es das Hochhaus an der Weberwiese gibt, das weiß ja nun wirklich mit der Zeit jeder. Und deshalb habn Sie auch Ihre Wette verlorn, mein Bester. Denn: zähln' Sie doch mal freundlicherweise die Stockwerke der neuen Häuser.« Der Hagere machte eine Pause. »Nun behaupten Sie aber nicht noch mal«, schloß er seine Lektion, »an der Stalinallee gäb's nur ein Hochhaus. Wie Pilze schießen die Hochhäuser aus der Erde! Und mit meinen gewonnenen zehn Mark, da setzen wir uns jetzt in die HO, und trinken einen auf den Neuaufbau unserer Stadt.«

Erich Hanko

Die Einladung

Neulich schrieb mir ein Bekannter aus Weißenfels, daß es dort einen höflichen HO-Kellner gibt. Und von Leipzig munkelt man … aber: das ist vorläufig nur ein Gerücht, und ich will mich nicht darauf festlegen, daß man da vier bis fünf höfliche HO-Kellner gezählt zu haben glaubt. Von der anderen Sorte gibt es natürlich mehr … überwältigend mehr. Aber dafür sollte man Verständnis aufbringen. HO-Kellner sind eben furchtbar empfindlich. Man braucht nur zu rufen: »Herr Ober, ein Bier bitte!«,

und schon verdüstern sich ihre Züge. Sie werfen einen vorwurfsvollen, abweisenden Blick in die Richtung, aus der die Bestellung kam, und wechseln ihren Standort, um über irgend etwas sehr Wichtiges nachzudenken. Bis sie auch dort wieder in ihren Gedankengängen gestört werden und abermals die Flucht ergreifen müssen. Meist gerade in dem Augenblick, wo die Lösung des Problems, über das sie nachdenken, in greifbare Nähe gerückt war. Kein Wunder, daß sie nervös und etwas grob werden.

Man muß viel geschickter vorgehen, um mit ihnen in Kontakt zu kommen. Viel psychologischer!

Ich mache es jetzt so: Wenn ich in einer HO-Gaststätte sitze, warte ich erst ungefähr eine halbe Stunde, manchmal auch etwas länger, bis der zuständige Ober nicht mehr ganz so böse aussieht. Dann falte ich die Hände auf dem Tisch und flüsterte bescheiden: »Sehr geehrter Herr Ober! Würden Sie mir bitte, bitte ein Bier bringen? Natürlich nur, wenn Sie nicht gerade etwas Besseres vorhaben!«

Das hilft manchmal. Aber nicht immer. Dann versuche ich es

»Nein, momentan haben wir außer diesen Schildern nichts zu verkaufen.«

mit einem anderen Trick. Ich fange unvermittelt an zu lachen oder zu weinen, je nachdem, wie mir gerade zumute ist. Wenn ich das fünf oder zehn Minuten durchgeführt habe, kommt es manchmal vor, daß ein Ober auf mich aufmerksam wird und mich fragt, was mir fehlt. Auf diese Weise bekomme ich zuweilen mein Bier. Oft geht es allerdings auch schief. Wenn mich nämlich der Ober beim Kragen nimmt und wegen ruhestörenden Lärms auf die Straße setzt.

Aber ich verzage nicht. Neulich habe ich ein noch raffinierteres Mittel ausprobiert, um den Ober günstig zu stimmen. Als er sich wieder einmal in der Nähe meines Tisches aufhielt, sagte ich zu ihm: »Herr Ober, darf ich Sie zu einem Bier einladen?«

Er starrte mich eine Zeitlang ausdruckslos an.

»Und zu einem Schnaps!« fügte ich vorsichtshalber hinzu.

Darauf war er nicht gefaßt. Er sank überrascht auf den freien Stuhl neben mir. Ich eilte sofort zum Büfett, kaufte zwei Bier und zwei Schnäpse und trug sie zu unserem Tisch. Dann sagten wir »Prost!« und rauchten von meinen Zigaretten. Ich bemerkte mit Genugtuung, daß der Ober mich nicht mehr ganz so streng behandelte wie sonst.

Schon glaubte ich, gewonnen zu haben. Aber als ich mich verabschieden wollte, sah er mich fragend und verwundert an. »Ich habe die Biere und die Schnäpse bereits am Büfett bezahlt«, sagte ich entschuldigend.

Er schüttelte vorwurfsvoll den Kopf. »Na, und? Wo bleibt das Trinkgeld?«

> Tschia, tschia, tschia, tscho/
> Käse gibt's in der HO/
> stehnse Schlange bis nach Halle/
> wennse dran sind, ist der Käse alle.
>
> Tschia, tschia, tschia, tscho/
> Käse gibt's in der HO/
> Fische gibt es an der Grenze/
> und im Konsum verkaufense die Schwänze.

Die andere Seite

»Ober! ... Ein Bier! Aber ein bißchen dalli, sonst werde ich ungemütlich.«

»Bitte sehr, mein Herr! ... Wohl bekomms!«

»Donnerwetter, das ging aber schnell! Wie kommt denn das? Sie bedienen doch sonst wie eine Schnecke!«

»Nur bei höflichen Gästen, mein Herr! Damit ich länger das Vergnügen ihrer Gegenwart habe!«

5. Kapitel

Heißer Sommer

Von Ostseestrand, Datsche und Jugendclubs ...

Bevor die DDR zum Paradies der **Freikörperkulturfreunde** wurde, gab es einen Kulturkampf – zwischen Badeanzugträgern und Nacktbadern. Wie der aussah, ist bei Hans Kahlow in seiner **fast wahren Kurzgeschichte** nachzulesen. In diesen Kulturkampf mischte sich auch der Westen ein: **Der Spiegel** berichtete im September 1954 über die ostdeutsche Nudistenszene, und das hatte schlimme Folgen, denn daß der Klassenfeind sich einmischte, sah die **Staatsführung** gar nicht gern. Also verhängte man ein vollständiges Nacktbadeverbot an der gesamten Ostseeküste. Ein Sturm der Entrüstung und eine Flut von Protestbriefen folgten, bis die DDR-Führung das Verbot 1956 wieder zurücknahm. Von nun an nahm das **muntere nackte Strandleben** seinen Lauf. Urlaub Anfang der 50er Jahre hieß: Reproduktion der Arbeitskraft – der FDGB macht es möglich. Nicht für alle, aber für immer mehr! Ferienheime des FDGB finden sich bald in allen schönen Gegenden des Landes. Da sich die Zahl der Autobesitzer noch in engen Grenzen hält, ist es nicht verwunderlich, daß sie ihre **Freizeitvergnügungen** wie Ausflüge und Fahrten ins Blaue nicht unbelastet genießen können – vom Pech verfolgt sind die stolzen EMW-Besitzer in Fritz Bernhards Geschichte vom »Schrumpfmobil«.

Fritz Bernhard

Das Schrumpfmobil

Von ihrer Hälfte der Wagen, von meiner Hälfte das Grundstück am Wasser, auf das man mit dem Wagen hinausfahren konnte, – so war es zwischen meiner Frau und mir beschlossen worden. Als dann der Lottogewinn richtig eintraf, reichte es nur für den Wagen, denn meine Frau hatte sich inzwischen für eine andere Type entschieden, einen geräumigen EMW, der uns von meinem Skatfreund Kienappel, Inhaber einer Autoreparaturwerkstatt, als nie wiederkehrender Gelegenheitskauf empfohlen worden war. »Das Grundstück kaufen wir dann eben von dem nächsten Treffer«, meinte meine Frau, »und außerdem sind wir ohne Grundstück viel freier und ungebundener. Nächsten Sonnabend könnten wir beispielsweise nach Ahlbeck zu meiner Schulfreundin Cilly fahren und übernächsten nach Magdeburg zu Onkel Walter.«

Von dem Rest unseres Lottogewinns haben meine Frau und ich uns zwei prächtige Rucksäcke gekauft.

Der Ahlbecker Sonnabend kam. Meine Frau bestand darauf, den Wagen vorzufahren, wegen einer Überraschung. Als ich erwartungsfroh endlich vor die Haustür trat, gewahrte ich, bereits sorgsam auf den Rücksitzen verstaut, Lehmann, Frau und Kinder, und zwar einen mir völlig unbekannten Lehmann. »Sie wollen Cilly ebenfalls besuchen«, erklärte meine Frau strahlend und mit einem heimlichen Rippenstoß, vermutlich wegen meines betroffenen Gesichtes, »denn Cilly ist Herrn und Frau Lehmanns Nichte.« – »Kommen Se man«, sagte Herr Lehmann wohlwollend, »geduldige Schafe gehen viel in einen Stall. Bloß mit dem Gepäck sehe ich 'n bißchen schwarz. Wenn Ihres nun auch noch dazukommt ...« – »Und nicht wahr«, fügte Frau Lehmann hinzu, »Sie fahren recht schön langsam. Bei über dreißig Kilometer wird unserer Susi immer schlecht.«
Die Fahrt nach Magdeburg mußte ausfallen, weil unser Hauswirt, Herr Schmolke, mit meiner Frau indessen verabredet hatte, daß wir an diesem Sonntag sein Harmonium zu seiner Tante nach Eberswalde bringen würden. »Weil unser Wagen so schön geräumig ist«, sagte meine Frau. »Und vielleicht läßt Schmolke zum Dank endlich unsere Küche machen.«
Stattdessen hatte ich nach der Fahrt drei Rechnungen zu bezahlen, eine für die Reparatur des Sitzpolsters, die zweite und dritte für die Reparatur des Harmoniums und der Tante, denn beim Ausladen war das Instrument auf die Empfängerin gefallen.

Für den dritten Sonntag hatte mein Chef den Wunsch geäußert, seine zur Kur in Friedrichroda weilende Gattin zu besuchen, was ich nicht gut abschlagen konnte, obwohl es diesmal in unserem Wagen noch ein wenig beschwerlicher wurde, denn bei Direktor Rodemeier befanden sich die vier Lieblingsdoggen seiner Frau, die mich, sobald ich schaltete oder sonst eine Bewegung machte, herzhaft ins Genick bissen. »Kluge Tiere, was?« rief Herr Rodemeier und wollte sich jedesmal totlachen. »Wahrscheinlich halten sie Sie für einen türmenden Einbrecher!«

»Ob der Wagen nicht doch etwas zu geräumig für uns zwei ist?« brummte ich an diesem Tage auf dem Heimweg von der Garage, »oder wärst du dafür, daß wir uns zum Transportgewerbe anmelden? Mein Zigarrenhändler hat schon gefragt, ob ich ihm nicht den Nachlaß seiner Großmutter aus Eisenach holen könnte. Es handelt sich um eine kleine Wohnlaube, die wir allerdings erst abreißen müßten.«

»Selbst wer im Sommer prima fuhr, ist jetzt im Winter Lehrling nur!«

»Kommt nicht in Frage«, entschied meine Frau, »lieber tauschen wir den Wagen um. Ich habe schon mit Kienappel gesprochen, er hat einen kleinen Viersitzer hereinbekommen, Borsalino oder so, ein nie wiederkehrender Gelegenheitskauf.« Wir tauschten also unseren inzwischen etwas ramponierten EMW gegen den entzückenden Viersitzer, der Umzüge und größere Tiertransporte wegen seiner winzigen Abmessungen ausschloß. Aber inzwischen mußte mein Ruf als Kraftwagenbesitzer weit über meine engere Heimat am Köllnischen Park hinaus gedrungen sein. Am Sonnabendmorgen, bevor wir mit dem neuen Wagen unseren ersten Wochenendausflug antreten wollten, rief ein Fräulein namens Hildelore an: »Ich bin nämlich die Freundin von dem Bruder von Ihrem Friseur, wissen Se? Und da wollt ich mal fragen, ob Sie uns nich mitnehmen könnten? Wir bezahlen Ihnen auch das Benzin.« Dieses Versprechen kannte ich bereits. Es wurde nie gehalten, weder von Hildelore und ihrem Verlobten noch von ihren Nachfolgern an den folgenden Sonntagen, darunter dem Kollegen des Neffen unseres Bezirksschornsteinfegermeisters mit seiner Freundin und dem Kommilitonen des Vetters des Rechtsbeistandes unseres Flaschenbierlieferanten, ebenfalls mit Freundin. Dafür verlobten sich unterwegs mehrere Pärchen und gaben mir Gelegenheit, wegen des festlichen Anlasses ihre Weinrechnungen mitzubezahlen.

Doch was besagte das alles gegen die Bereicherung meines Fahrprogramms, nachdem Frau Kiekebusch aus der Roßstraße mich vor der Haustür am Lenkrad gewahrt hatte! »Menschenskind, det is ja 'ne Wolke, die een Pfund wiegt«, schrie sie begeistert, »jetzt weeß ick endlich, wer mich nachts am schnellsten zu de Kundschaft bringt!« Frau Kiekebusch ist eine alte Bekannte unserer Familie und von Beruf Hebamme.

»Ich glaube, der Wagen ist auch noch zu groß«, stöhnte meine Frau nach dem vierten Nachtbaby, das zeitlich ungefähr mit der sechsten Verlobung zusammenfiel. »Wir werden uns einen Sportwagen anschaffen, einen ganz winzigen Zweisitzer, in den die dicke Kiekebusch gar nicht hineingeht, du verstehst!«

Zum Glück hatte Kienappel gerade einen Zweisitzer am Lager, einen nie wiederkehrenden Gelegenheitskauf, und da er freundlicherweise meinen kleinen Wagen in Zahlung nahm, wurden wir rasch handelseinig.

Ein paar Sonntage ging alles gut. Wir fuhren an die See oder in die Berge oder einfach nur ins Grüne, es war herrlich. Bis uns in einem idyllischen Nest in der Sächsischen Schweiz Ernestus entdeckte, Ernestus, dieser flotte Hirsch, ein mir höchst unsympathischer sogenannter Schulfreund meiner Frau, dem ich leider aus gemeinsamer Studienzeit noch ein paar tausend Mark schuldete. »Kinder, ihr habt 'n Wagen?« rief er übertrieben begeistert, »das ist ja herrlich, nun brauche ich mir keine Sorgen mehr ums Wochenend machen. Wenn's euch recht ist, fahren wir nächsten Sonntag nach Heiligendamm, und ihr seid meine Gäste, einverstanden? Selbstverständlich bezahle ich das Benzin und ...« – »Entschuldige mal«, unterbrach ich den Redestrom, »unser Wagen ist leider nur ein Zweisitzer ...« – »Na ja«, gab Ernestus zurück, »ein Sitz für dich und einer für mich, klarer Fall, mein Junge.« – »Und wo bleibt meine Frau?« – »Die nehm ich auf 'n Schoß, Mensch, ganz einfach; du bist doch nicht etwa eifersüchtig, was, alter Piesepampel?«

Nun, wir fuhren nicht nach Heiligendamm. Vielmehr überließ ich Ernestus unseren Zweisitzer zum Ausgleich seiner Forderung einschließlich Zinsen. Von dem Rest unseres Lottogewinns habe ich für mich und meine Frau zwei prächtige Rucksäcke gekauft. Und wenn wir mal Lust haben, eine Autofahrt zu machen, rufe ich bei Hobergers an. Hobergers sind ein alleinstehendes Ehepaar, und er ist der Onkel vom Nachbar des Freundes unseres Steuerberaters. Hobergers haben sich erst kürzlich einen netten Wagen zugelegt, und wozu sollen die beiden Rücksitze schließlich unbenutzt bleiben?

Warum nennen wir die sozialistischen Länder »Bruderländer« und nicht »Freundesländer«? Freunde kann man sich aussuchen.

Eulenspiegeleien

„Guck — Müllers vom Hoch-
haus an der Weberwiese!"

„Arthur, ist Goethe als Wochenendlektüre nicht doch ein bißchen
zu hoch?"
„Nein — es geht ganz gut so..."

Oma Elfriede erwartet Besuch von Tante Erna aus
Hamburg. Sie will was auffahren für die Westver-
wandschaft und geht in den Konsum. »Ein Pfund
Salami, bitte.« – »Ham wa nich.« – »Ein Kilo Apfel-
sinen, bitte!« – »Ham wa nich.« – »Eine geräucherte
Forelle, vielleicht?« – »Ham wa nich.« – »Sagen Sie
mal, warum haben Sie das alles nicht?« – »Da ist
der Adenauer Schuld, der hat das Interzonenab-
kommen aufgekündigt.« Darauf die Oma: »Wenn ich
den treffe – dem reiße ich den Spitzbart ab.«

Heinz Kahlow

Eine fast wahre Kurzgeschichte

So ist das: Du gehst am Strand entlang und trägst deinen Urlaub spazieren. Die Sonne scheint prospektgemäß, und deine neue Badehose hat ihre Feuerprobe im Wasser bestanden. Sie behält ihre Form. Annähernd.

Du nimmst nicht mehr wahr, daß du jetzt schon über die 17. Buhne kletterst – denn du suchst vielleicht einen Reim auf »Badehose«. Da merkst du plötzlich, wie weit du gegangen bist. Oder wie weit andere gehen. Denn wie aus der Erde gewachsen umringt dich eine Gruppe nackter Menschen. Männlein, Weiblein, Kinderlein – Nackte – nur Nackte. Nackte jeglichen Alters und jeglichen Geschlechtes. Da stehen sie nun und betrachten dich. Nackte sehen dich an. Und sehr böse. Natürlich hast du schon im Dorf von diesem seltsamen Treiben gehört und bist gewarnt worden. »Kamerun« nennen die Fischer dieses Strandviertel. Du denkst noch blitzschnell daran, daß im richtigen Kamerun die Leute doch gar nicht so herumlaufen; die haben doch etwas um die Lenden, Bast oder so. Ähnlich wie unsere Badehose. Aber diese hier …

Nein, du willst sie nicht mehr ansehen; das tut man nicht. Du siehst über ihre Köpfe hinweg und möchtest umkehren. Aber da ist ein Satz, drohend und unmißverständlich wie ein geladener Revolver: »Was suchen Sie hier?!«

Im ersten Augenblick wundert es dich, daß du das verstehst. Man spricht deutsch – nicht kisuaheli!! (Natürlich, denn in Zentralafrika haben die Leute ja auch etwas an.)

»Wasse hier suchen?!« Genauer gesagt: Berlinisch. (Anmerkung: Hier hätte der Autor nun natürlich auch sächsisch sprechen lassen können; aber da er in einem Berliner Neubaublock wohnt und ungern mit dem ganzen Haus Streit hat, nahm er nicht den Dialekt seiner Hausgemeinschaft.) Dieses Berliner Organ ist so dünn und so meckerig, daß du nicht unterscheiden kannst, ob es ein Er oder eine Sie ist. (Und hinsehen tust du ja nicht, du siehst immer noch drüberweg.) »Wasse hier suchen, ha'ck jefracht!!!«

Du möchtest jetzt sagen: »Einen Reim auf Badehose«, aber du besinnst dich noch beizeiten, daß so etwas für Nackte sicherlich eine Provokation wäre. Und so sagst du (dir fällt nichts Besseres ein, denn du bist ja erst ein junger Dichter): »Oh.« »Sooo?« sagt das Meckerorgan.

Die Grundregeln: In Frankreich ist alles erlaubt, was nicht explizit verboten ist.
In der Bundesrepublik ist alles verboten, was nicht explizit erlaubt ist.
In Italien ist alles erlaubt, insbesondere das, was explizit verboten ist.
In der DDR ist alles verboten, insbesondere das, was explizit erlaubt ist.

Das reimt sich nun zwar auf »Oh« (Vielleicht ist das Mecker-organ auch ein junger Dichter?), aber es bringt die Unterhal-tung nicht sonderlich in Gang. Da mischt sich eine andere Stim-me in dieses Gespräch, eine unzweifelhaft weibliche, schräg von links: »Sie sollten sich schämen!«

Diese Stimme ist so bestimmt, daß sie dich verstimmt. Zumal du das nicht einsiehst: Die laufen nackt, du hast eine Bade-hose an, und nun sollst du dich schämen! Das ist viel verlangt! Dein Blick schweift über die Häupter der Leute nach links. Und du erschrickst freudig: Ein Strohhut ragt über die Köpfe hinaus. Ein großer, zitronengelber Damenstrohhut. Und du siehst tiefer und erblickst eine Sonnenbrille, eine richtige zivi-lisierte Sonnenbrille mit ganz dunklen Gläsern. Da beflügelt

dich die Hoffnung, einen Menschen ge-funden zu haben, den man ansehen kann, und dein Blick gleitet abwärts. Du erspähst eine Perlenkette um den Hals und – und aus! Strandschuhe trägt sie noch. Das ist alles. Vor dieser Endvier-zigerin wirst du armer Angezogener je-denfalls nicht rot und verlegen werden. Du wirst sie hinnehmen wie den Pfahl am Strand, über den nasse Segel ge-hängt werden zum Trocknen.

»Hier kann sich jeder aufhalten, voraus-gesetzt, daß er unbekleidet ist!« – »Ach so«, sagst du. »Jawohl«, sagt der Strohhut von links. Hiernach entsteht eine Pause. Und die Blicke der Nackten heften sich auf deine Badehose.

Die Pause zwingt. Du handelst. Du ziehst deine Badehose aus. Denn du magst nicht, daß Menschen dir böse sind. Du stehst jetzt als Nackter vor Nackten. »Bitte«, sagst du, und eigentlich hattest du das als höflichen Auftakt zu einem Satz gedacht: »Bitte, wenn Sie nichts dagegen haben, bleibe ich hier …« oder so ähnlich. Aber der Satz fällt dir nicht mehr ein, und das »Bitte!« bleibt hart und kantig in der windstillen Luft hängen und klingt nun so, als ob du ihnen deine Nacktheit wie ein Stück Konfekt anbietest: »Bitte, bedienen Sie sich!«

Das ist dir peinlich, und du zerknüllst deine Badehose in der Hand. Aber den anderen ist das wohl gar nicht unangenehm aufgefallen. Sie blicken freundlich drein und drauf.

Du weißt nicht, wie die Anstandsregeln bei Nackten sind, aber du nimmst an, daß sie die Namen anbehalten, und stellst dich

»Vorhin sagte mir einer, ich wäre sehr lakonisch. Was bedeutet das?« »Ich weiß es auch nicht.« »Na, auf alle Fälle habe ich ihm eine runterge-hauen.«

deshalb vor: »Meier, Karlfriedrich Meier.« – »Sehr angenehm«, sagen einige und murmeln auch ihre Personalien. Sie sind nun alle zufrieden, die Nackten, du bist einer der Ihren. Sie zerstreuen sich wieder und gehen ihrer Hauptbeschäftigung am Strand nach: nackt zu sein.

Da kommt jemand mit einer Hornbrille zu dir. Als er den Mund aufmacht, merkst du, daß er der Theoretiker, der Chefideologe der Nackten ist. »Ich habe vorhin sofort gemerkt, daß Sie dem großen Gedanken, ich möchte sagen, den weltverändernden Zielen der Freikörperkultur nicht ablehnend gegenüberstehen.« – »Nein, gewiß nicht«, sagst du, nur du kanntest diese Ziele nicht. »Sehen Sie, genau das ist es. Der Freikörperkultur wird von der Regierung zuwenig Beachtung geschenkt. Es gibt keinerlei staatliche Propaganda dafür. Ich habe zum Beispiel für den Rundfunk zu diesem Thema ein Hörspiel geschrieben. Wissen Sie, was diese Hörspieldramaturgen getan haben?«

Das weißt du nicht, aber du nimmst an, daß sie das Stück vielleicht an die DEFA weitergaben, weil der Stoff so optisch ist.

Die Regierung erkennt nicht die Bedeutung der Freikörperkultur für die Deutsche Einheit!

»Abgelehnt haben sie es! Abgelehnt!!! – Sie bestritten einfach meine Feststellung, daß sich in den Gruppen Badeanzugträger und Keinebadeanzugträger am prägnantesten der Kampf zwischen dem absterbenden, verfaulten Alten und dem revolutionären Neuen darstellen läßt.« Da fühlst du dich sehr verfault, weil du eben erst die Badehose ausgezogen hast. »Und«, er nimmt die Brille ab, »die Bedeutung der Freikörperkultur für die Einheit Deutschlands erkennen sie überhaupt nicht. Und dabei gibt es in Westdeutschland sogar schon viele organisierte FKK-Gruppen«, sagt er. »Die Freikörperkultur muß fest organisiert werden. Weshalb also gibt es bisher noch keinen Freikörperkulturbund?«

Da packt es dich: »Sicher hat man das schon erwogen, nur ist wahrscheinlich die schwierige Frage, wie diese Organisation bei den großen Feiertagen demonstriert. Am 1. Mai ginge es ja noch – aber am 7. Oktober ist es oft schon recht kalt.«

Da wird der Bebrillte böse. »Sie!!« sagt er und steht auf. Du stehst nicht weniger auf. Eine Bühnenpause voller Spannung. Du siehst, wie die Strohhutdame gemessen naht. »Herr!« sagt der Theoretiker. Und er will eigentlich noch mehr sagen. Aber dazu kommt er nicht. Du rennst weg, gewinnst Boden. Ganz hinten, wo die Fischerboote sind und bald der Badestrand anfängt, bleibst du stehen und ziehst die Badehose an. Befreit nimmst du dich in Augenschein und fängst an, deinen Urlaub zu genießen.

Erich Hanko

Ich war in Thüringen

Beinahe wäre ich gar nicht gefahren. Die Damen im FDGB-Feriendienst sahen so nett aus und waren so bezaubernd liebenswürdig, daß es mir furchtbar schwer fiel, mich 300 km von ihnen zu entfernen. Aber es mußte sein. Ich hatte die Karte ja schon bezahlt.

Im Abteil saß mir ein untersetzter Herr mit grauem Vollbart gegenüber. Nachdem er mich bis zur dritten Station scharf gemustert hatte, fragte er mit rauher Stimme, ob ich mit einem gewissen Max Schulze aus Magdeburg verwandt sei. Ich sagte: »Nein!« Er glaubte es aber nicht und sah mich bis Sangerhausen so mißtrauisch an, daß ich es nicht riskieren konnte, einzuschlafen. In Sangerhausen stieg er zum Glück aus, aber sein Platz wurde sofort von einer reizenden Post-Betriebsassistentin eingenommen, so daß ich wieder kein Auge zutun konnte.

So kam es, daß ich sehr müde in Oberhof ankam und nach einem kurzen, aber herzlichen Wortwechsel mit der Heimleiterin unverzüglich zu Bett ging. Ich hoffe, daß

hier kein Mißverständnis entsteht. Ich schlief einen Tag. Dann fing es an zu »rächnen«.

Es »rächnete« vier Tage. In dieser Zeit spielte ich Billard, 17 und 4, 66 und »Mensch, ärgere dich nicht!« Hin und wieder trank ich auch etwas Bier.

Nachdem am fünften Tage das Wasser einigermaßen abgelaufen war, fing ich an, Oberhof und seine Umgebung zu besichtigen.

Oberhof liegt über 800 m hoch. Die Luft ist hier etwas dünner als unten. Daher muß man häufiger Luft holen, wodurch schon ein gewisser Teil der Erholungszeit in Anspruch genommen wird. Ein weiterer Teil geht durch Verständigungsschwierigkeiten mit der Bevölkerung verloren. Die Leute sprechen eine Gebirgssprache, die nicht leicht zu sein scheint.

»Wollen Sie da etwa angeln? Das ist hier verboten.«
»Ach was, Sie sehn doch, ich bin beim Aufrichten der Brücke.«

Auffallend ist, daß die Kühe und Ochsen hier Glocken um den Hals tragen, was sonst nicht immer der Fall ist. Man sagte mir, das sei so, damit man sie wiederfinden kann, wenn sie sich mal in den Bergen verirrt haben.

Ich habe bei der Kurverwaltung schriftlich einen Verbesserungsvorschlag eingereicht und den Antrag gestellt, dieses System auch bei den Kurgästen in Anwendung zu bringen, besonders bei jungen Pärchen, die in den Wäldern sehr leicht in Gefahr geraten, sich zu verirren. Ich bin gespannt, ob ich dafür eine Prämie kriegen werde.

Sonst ist es hier eigentlich nicht anders als anderswo, bloß, daß es immer rauf- und runtergeht.

Aber es war trotzdem schön, vor allen Dingen, als ich den Trick weg hatte, daß man ja auch um die Berge herumgehen kann und nicht immer darüber hinwegsteigen muß, wie es die Anfänger tun.

Unterbringung und Verpflegung im Ferienheim waren prima. Ein unangenehmes Erlebnis hatte ich allerdings. Eines Tages trank ich in dem – übrigens guten – HO-Café ein Gläschen Ungarwein. Ob nun der Ober etwas reichlich eingeschenkt hatte, ich schlief jedenfalls unruhig, und mitten in der Nacht, so gegen 3 Uhr, sah ich plötzlich einen alten Herrn mit Bauch und Monokel vor meinem Bett stehn.

»Wer sind Sie?« fragte ich empört.

»Ich bin der selige Legationsrat von Krachwitz«, sagte er mit Grabesstimme.

»Und was wünschen Sie?«

»Ich möchte nur noch einmal die Appartements besichtigen, die ich zu Lebzeiten hier regelmäßig belegt hatte.«

Ich wurde natürlich wütend und sagte: »Sie haben wahrscheinlich vergessen, daß wir jetzt das Jahr 1952 schreiben und Sie sich in einem Ferienheim des FDGB befinden, wahrscheinlich sogar unbefugt. Zeigen Sie mir doch mal Ihr Mitgliedsbuch!«

Daraufhin erbleichte er und verschwand.

Das waren aber auch die einzigen unfreundlichen Worte, die ich in Thüringen gewechselt habe.

Ralph Wiener

Das Bauernfrühstück

Der Ober des »Rügen-Restaurants« hatte schon seit geraumer Zeit festgestellt, daß mit diesem Gast etwas nicht stimmen konnte. Herr Rohwetter – um den sonderbaren Gast beim Namen zu nennen – war in seine Zeitung vertieft und schien gar keinen Anstoß daran zu nehmen, daß der Ober erst seelenruhig die andern nach ihm gekommenen Gäste bediente.

Mit diesem Manne stimmt etwas nicht, sagte sich der Ober und begab sich zu Herrn Rohwetter. »Der Herr wünschen?«

Herr Rohwetter fuhr aus seiner Lektüre auf. »Wie, bitte? Ach so. Ja, die Speisenkarte!« Nach zwanzig Minuten brachte der Ober die Karte.

Herr Rohwetter nahm sie mit freundlichem Gesicht entgegen und bemerkte ganz beiläufig: »Was ist das, bitte: Ein Bauernfrühstück?«

Der Ober sagte herablassend: »Ein Bauernfrühstück kennt jedes Kind!«

»Ich nicht«, erwiderte Herr Rohwetter.

»Mein Gott«, seufzte der Ober,

»es handelt sich um Kartoffeln mit Ei und Schinken, sozusagen alles durcheinander.«

»So, so«, nickte Herr Rohwetter, »und das essen die Bauern früh?«

»Wie meinen?«

Herr Rohwetter richtete sich auf. »Sie sprachen von einem ›Bauernfrühstück‹! Also wollen Sie Ihren Gästen weismachen, daß unsere Bauern als Frühstück Kartoffeln essen. Nun muß ich Ihnen allerdings sagen, daß ich solche Bauern noch nie kennengelernt habe. Und ich komme viel herum. Alle essen früh Brot, zuweilen eine Suppe, aber niemals Kartoffeln! Das hängt mit dem bäuerlichen Küchenbetrieb zusammen. In Ihrem Restaurant bekommt man dieses Gericht, das Sie irreführenderweise als ›Frühstück‹ bezeichnen, auch erst mittags, meistens sogar abends. Aber nun gar von ›Bauernfrühstück‹ zu

»... hab ich deshalb gemacht, weil die Städter immer soviel fragen!«

sprechen – das stellt einen geradezu vermessenen Versuch dar, die Kochbräuche unserer werktätigen Bauern ins Lächerliche zu ziehen!«

Der Ober blickte mit gläsernen Augen auf seinen Gast, der gemächlich die Speisenkarte weiter studierte.

»Karlsbader Schnitte«, las er laut ab. »Was ist denn das?«

»Ein Schinkenbrot«, murmelte der Ober halblaut, »mit Käse überbacken.«

»Ich will mich gar nicht darüber beschweren«, fuhr Herr Rohwetter fort, »daß Sie noch ›Karlsbad‹ statt ›Karlovy Vary‹ schreiben. Aber selbst im damaligen Karlsbad habe ich nie so eine Schnitte zu sehen bekommen, die Sie als solche bezeichnen. Können Sie nicht einfach sagen: ›Schinkenbrot, mit Käse überbacken‹?«

»Das klingt zu einfach«, sagte ein Herr am Nebentisch, und die übrigen Gäste hörten den Darlegungen Rohwetters mit Interesse zu. Dieser war inzwischen beim »Jägerschnitzel« angelangt. »Die Jäger, die ich kenne«, stellte er fest, »würden sich mit jener hochgradig wasserhaltigen Wurst, aus der Sie das ›Jägerschnitzel‹ fabrizieren, nicht zufriedengeben!«

Aber jetzt bekam der Ober Oberwasser. »Wir nennen das ›Jägerschnitzel‹«, erklärte er, »weil wir hierzu Jagdwurst verarbeiten!«

»Jagdwurst!« rief Herr Rohwetter spöttisch aus. »Sie waren wahrscheinlich noch nie auf der Jagd. Eher entdecken Sie in einer Lichtung zwölf Hirschkühe als eine solche Wurst im Rucksack des Jägers!«

Der Servierer sah sich hilflos um. Aber Herr Rohwetter ging die gesamte Speisenkarte durch. Nach einer halben Stunde war er bei der »Kraftbrühe« angelangt.

»Die sollten Sie trinken, damit Sie wieder auf die Beine kommen!« sagte er zu dem Ober. »Dann werden Sie merken, daß es mit der ›Kraftbrühe‹ derselbe Schwindel ist. Eine feine Kraft, die Sie sich von dieser Brühe versprechen!« Mürrisch erhob sich Rohwetter.

Wenig später nahm er im »Ratskeller« Platz.

Der dortige Ober beachtete ihn nicht. Seelenruhig bediente er die andern, nach ihm gekommenen Gäste. Nach einer Dreiviertelstunde brachte er die Speisenkarte.

Herr Rohwetter nahm sie mit freundlichem Gesicht entgegen, warf einen kurzen Blick darauf und bemerkte, als sich der Ober bereits wieder zum Gehen wandte, ganz beiläufig: »Herr Ober, ich bin ziemlich erschöpft – bringen Sie mir bitte ein Bauernfrühstück!«

Ein Westdeutscher reist zur Leipziger Messe. Im Zugabteil trifft er einen Genossen. Sie schauen beide aus dem Fenster des gemächlich dahinfahrenden Zuges. Wundert sich der Westdeutsche: »War denn diese Strecke schon immer eingleisig?« Sagt der Genosse: »Unsere Züge fahren so schnell, daß man mit dem bloßen Auge das zweite Gleis gar nicht wahrnehmen kann.«

6. Kapitel

Höher, schneller, weiter

Sportlich sportlich

Schon unmittelbar nach dem Krieg hatte man in der **sowjetischen Besatzungszone** begonnen, neue Strukturen des Sports zu schaffen. Im Zentrum stand zunächst die Gründung von **Betriebssportgemeinschaften (BSG)** in der Trägerschaft von Produktions- und Verwaltungsbetrieben. Mit der Gründung der **Landwirtschaftlichen Produktionsgenossenschaften** griffen diese Strukturen auch auf dem Land – von einem **Sporttag auf dem Dorf** berichtet Ulrich Speitel auf den folgenden Seiten. Mit Beginn der 50er Jahre wurden dann **zentrale Sportvereinigungen** (insgesamt 16) ins Leben gerufen. Viel passiert in dieser Zeit zur Förderung des Sports: der **Schul- und Universitätssport** wird gesetzlich geregelt, eine Sporthochschule gegründet – Sportfreund Walter Ulbricht reist 1952 zur Grundsteinlegung der DHfK, der **Deutschen Hochschule für Körperkultur**, in seine Heimatstadt Leipzig –, Wettkämpfe und Meisterschaften werden organisiert, die Friedensfahrt, ein Publikumsmagnet, führt 1952 erstmals über das Territorium der DDR. Ein trauriges Ereignis fällt auch in diese Zeit: Der Unfalltod des Rennfahrers und Sportidols **Paul Greifzu** bei einer Testfahrt auf der Dessauer Schleife. International gestaltet sich die Lage schwierig. In beiden deutschen Staaten werden **Nationale olympische Komitees** gegründet, doch nur das NOK der Bundesrepublik wird anerkannt. Die **Olympischen Spiele in Helsinki** finden ohne Teilnahme von DDR-Sportlern statt.

*Auf der Zuschauer-
tribüne*

Ulrich Speitel

Bürgermeister stand abseits

Über der Altmark lachte die Sonne, der Himmel war blau, die Menschen nicht. Die waren auf dem Sportplatz und machten, als wir ankamen, gerade mehr oder weniger weite Sprünge. Da die Sache unter fachmännischer, d. h. weiblicher Aufsicht stand, gab es nur weite Sprünge. Seitensprünge sind erst am Nachmittag vorgekommen, worüber noch zu berichten sein wird.

Bevor wir eintrafen, waren die Rochauer bereits durch den Wald gelaufen und hatten die Hasen verscheucht. Drei dieser Hasen wurden bewußtlos eingefangen. Das hat aber nichts mit dem Tempo des Waldlaufes zu tun, sondern nur mit dem Nikotingehalt der Luft, der an diesem sonntäglichen Aprilmorgen sehr hoch war, was an den zahllosen »Turf« und »Casino« lag, die in die Atmosphäre gekeucht wurden. Wir waren froh, daß das alles bei unserer Ankunft schon vorbei war, denn hätten wir mitmachen müssen, es hätte vielleicht ein bewußtloses Wildschwein, für uns aber weder Ruhm noch Preis gegeben.

Beides holte sich mit respektablen 55 Jahren der Viehzuchtbrigadier Faber von der LPG »Rosa Luxemburg«, wobei seine sonnenstichgefährdete Viertelglatze als Motor gewirkt haben soll. Ich glaube das aber nicht, denn im benachbarten Ballerstedt hatte eine 67jährige Oma ein ähnlich mitreißendes Rennen geliefert. Und sie hatte keine Glatze, sondern zum Frühstück nur drei Butterbrötchen mit Schinken gegessen. Damit ist auch die böswillige Verleumdung widerlegt, sie habe sich bereits am Abend vorher auf den Weg gemacht. In solchem Falle hätte sie ja nicht mehr zu Hause frühstücken können.

Den Nachmittag verlebte ich in ständiger Angst, weil's nun mit der Reiterei losging. Ich bin auch einmal aufgesessen und ungefähr zehn Meter geritten, dann hatte mein Pferd genug von mir und mein Apotheker einen glänzenden Umsatz: Ich verbrauchte im Laufe von drei Tagen etwa siebeneinhalb Tuben Wundsalbe, woraus zu ersehen ist, daß Reiten schon immer gefährlich und meine Angst um die tapferen Reitersmänner berechtigt war. Hier war aber merkwürdigerweise keine Salbe notwendig, obwohl das Rote Kreuz sich einverstanden erklärt hatte, sogar Zehenverstauchungen eventuell mit Kognak zu heilen. Entweder gibt es in Rochau sehr viel Kognak oder eine hervorragende sportliche Moral. Es hat sich nicht einer die Zehen verstaucht, und ich wollte als einziger nicht auffallen.

Das Reiten ging über mehrere Runden. Nach der ersten flogen die Sättel in den Staub, nach der zweiten die Mützen, nach der dritten die Jacken, und nunmehr schlich eine Anzahl zarter weiblicher Wesen, von furchtbarer Ahnung geplagt, seitwärts in die Büsche. Das wäre aber gar nicht nötig gewesen. Denn jetzt begann man, sich rundenweise wieder anzuziehen, bis alles perfekt und einer Sieger war.

Das ging sehr schnell und geschickt, und eben wollte ich achtungsvoll meinen Hut ziehen, der im Auto lag, da gab es eine neue Sensation. Die Pferde sollten über eine Mauer aus Holz springen, aber sie wollten nicht und machten einen beträchtlichen Seitensprung, wobei ein Reiter zur Erde fiel und böse war. Ich verstand ihn absolut nicht. Es heißt doch: »Wer noch nie den Sand geküßt, der kein richtiger Reiter ist!« Sollte er doch froh sein, daß er jetzt ein richtiger Reiter war! Aber nein, er machte Radau!

Später hat man mir gesagt, der sei schon öfter in den Sand gefallen, und da war mir das dann erklärlich.

Ich war froh, daß nun bald Schluß war mit dem Reiten, denn ich hatte für diesen Sonntag genug Angst ausgestanden und völlig den Start des großen Radrennens über zwölf Kilometer verpaßt. Achim hatte ihn nicht verpaßt und konnte eine Menge für jeden Radfreund interessante Einzelheiten berichten.

»Warum schießt Otto denn nicht?«
»Sein Abteilungsleiter steht doch im Tor!«

Der Sieger benutzte ein Fahrrad, Marke Brennabor, aus dem Jahre 1912 mit einem drahtgeflickten Sattel, der ihn nicht zur Ruhe kommen ließ, so daß er sehr schnell fuhr, nämlich 40 Kilometer im Durchschnitt. Mir schien das wenig glaubhaft, denn ich selbst brauche für 9 Kilometer bergab gewöhnlich 44 Minuten (was vielleicht daran liegt, daß mir schwindlig wird, weshalb ich etwas stark bremse). Ich konnte mich dann aber davon überzeugen, daß das Tempo enorm gewesen sein mußte, denn mein Fotoapparat hatte statt des Fahrers, den ich am Ziel knipste, nur ein Stück Lattenzaun festgehalten. Nach einer Analyse dieses Rennens kann ich getrost jedem Radler empfehlen, sein Rad nicht mehr zu putzen, damit es schneller alt und damit schneller wird.

Zum Abschluß wurde Fußball gespielt, wovon es zunächst zu berichten gibt, daß die Mannschaft der LPG insgesamt 517 Jahre alt und die der MTS auch 11 Mann stark war, was nach der Beteiligung am Vormittag allgemein als ein Wunder angesehen wurde. Jugendliche haben sich nicht beteiligt, weil sie nach ihrer Ansicht für diesen Kampf noch etwas zu leicht gebaut waren. Dieser Eindruck, der entstand, weil Bürgermeister Wolenberg mit seinen zwei Zentnern bei der LPG mitkämpfte, muß als Ausrede betrachtet werden, denn hinterher waren er und einige andere dieser Gewichtsklasse viel leichter; nur einer hatte eine dicke Beule, weil er unvorsichtigerweise mal zu köpfen versucht hatte.

Das Spiel war sehr schön, besonders die Jerseys. Es wurde eine Stunde lang gespielt und der Luft viel Schaden zugefügt, dem Ball weniger. Trotzdem schoß die MTS ein Tor und machte dann sicherheitshalber vermittels eines raffinierten Schräg- und Querriegelsystems ihren Laden dicht, so daß der Bürgermeister häufig abseits stand und das Hanfnetz am MTS-Tor nicht mehr beschädigen konnte. Während des Kampfes nahmen die Hühner auf dem Platz in Ruhe ihre Mahlzeit ein, und als sie satt waren, war eine Stunde um und das Spiel zu Ende.

Was gab es noch? Eine Handwagen- und Karrenstafette mit olympischen Bestzeiten in Ballerstedt, Tauziehen Frau gegen Frau in Rochau, wobei einige übereifrige Junggesellen eine unsportliche Note in die Disziplin trugen, Kugelstoßen, Kurzstreckenläufe, ein Fußballspiel der Jungen Pioniere usw. usf. Alles in allem ein Landsportsonntag mit guter Beteiligung, glücklichen Gesichtern und viel Humor: Hier beschrieben, wird er dir vielleicht Lust machen, bei nächster Gelegenheit ebenfalls deine Lungen zu lüften.

Eulenspiegeleien

BETRIEBSSPORT GRUPPE

„Als Transportarbeiter hebe ich den ganzen Tag Gewichte, ich möchte abends gern mal ausspannen!"

BAUTEN DES FÜNFJAHRPLANES

SCHWIMMSTADION FRIEDRICHSHAIN

Bis 1955 werden unserer demokratischen Sportbewegung 1500 neue Sportstätten zur Verfügung stehen.

Die Sportvereinigungen der volkseigenen Betriebe

LOKOMOTIVE   TRAKTOR
ROTATION   AKTIVIST   WISMUT   CHEMIE
EINHEIT   AKTIVIST   FORTSCHRITT   MECHANIK
MOTOR   STAHL

sind das Rückgrat der demokratischen Sportbewegung

Städtische Seebadeanstalt
Das Durchschwimmen d. Ryks so wie das Baden ist polizeilich verboten.

»Stimmt es, daß im Zentralkomitee auf allen Fluren Zebrastreifen angebracht wurden?«
»Ja, damit die Radfahrer die Kriecher nicht überfahren.«

Hans Seifert

Tischtennis

Hundsgemein ist das, wenn plötzlich der eigene Bauch seinen Kopf durchsetzt und seiner Wege geht. Unaufhaltsam. Bis es dann eines Tages so weit ist, daß man sich zum Kostümfest eine Landkarte umhängen und als Globus gehen kann. Als sich bei mir die ersten Anzeichen einer beginnenden Bauchexpansion bemerkbar machten, zog ich schnurstracks die Konsequenzen und brachte ein Tischtennisspiel mit nach Hause. Tischtennis halte ich für ungemein praktisch, Sportsfreunde! Ein ganzes Stadion auf einem gewöhnlichen Ausziehtisch! ...

»Hat Papa wieder verloren?«

Das ist einmalig! Ich kann mir nicht helfen, aber so etwas imponiert mir.

Nun ist das aber längst nicht der einzige Vorzug. O nein! Es gibt deren mehrere beim Tischtennissport. Man lernt dabei beispielsweise sehr gründlich die engere Heimat kennen. Ich lernte gleich in der ersten halben Stunde kennen, wie es bei uns unter der Couch aussieht, unterm Büfett, hinterm Ofen und im Lampenschirm.

Ehrlich gesagt, hatte ich mich von dieser Perspektive aus noch nie im Leben umgesehen! Seitdem ich das tue, fühle ich mich in meiner Wohnung erst ganz wie zu Hause. Tischtennis ist ein hochinteressantes Spiel; ein Spiel mit vergrößerten Mottenkugeln.

Eigentlich gehört ja noch eine besondere Platte dazu, aber das halte ich für hinausgeworfenes Geld. Sie wird ohnehin kaum benutzt – höchstens zum Angeben. Von meinen Bällen bin ich jedenfalls gewöhnt, daß sie in Maßstäben denken, die weit über die Dimensionen eines Tisches hinausgehen.

Seitdem ich Tischtennis spiele, habe ich so recht am eigenen Leibe erfahren, wie schnell ein Mensch herunterkommen kann ... auf den Fußboden.

Wiederholt passierte es, daß mir Kläuschen – der mein Sohn und Partner in einer Person ist – den Ball mit verblüffender Präzision mitten ins Gesicht schmetterte. »Schmetterbälle« nannte er das.

Die Hauptsache bei der ganzen Geschichte waren natürlich die laufenden Gewichtskontrollen. Aller zehn Tage ging ich in der Badehose über die Waage; gewissermaßen dekadenweise.

Und stellen Sie sich die Tragik vor! Von Mal zu Mal nahm ich zu!

Also ich war nahe daran, dem Tischtennissport enttäuscht den Rücken zu kehren und zu einer Radikalkur mit einem Tee aus Birkenblättern und jungen Kiefernspitzen überzugehen, da geschah es, daß mich das verflixte Kläuschen bei einem abendlichen Match mit 21:0, 21:0, 21:0 restlos demoralisierte.

Und darüber habe ich mich dann dermaßen geärgert, daß ich innerhalb ganz kurzer Zeit reichlich zehn Pfund abgenommen habe.

Seither lasse ich auf Tischtennis nichts mehr kommen; richtig fanatisch bin ich in dieser Beziehung geworden.

Netz frei!

»Ihr Sportverein feiert gewiß einen tollen Sieg?!« – »Nein, Herr Ober, unser Match ist erst morgen.«

Hans Koch

Mein Mann, der Mittelläufer

Bevor wir Annemaries Tagebuch aufschlagen, muß etwas zur Vorgeschichte der sportlichen Ereignisse gesagt werden: Annemaries Liebe zum Fußball führte über einen Fußballer. Das ist an sich nichts besonderes, das ereignet sich alle Tage in allen Sportarten. Aber Annemarie hatte geradezu eine Abneigung gegen Fußball, diesen »rohen Sport« – wie sie sich auszudrükken beliebte –, und sie hatte daher beträchtliche Zweifel an der Haltbarkeit ihrer jüngsten Freundschaft, als ihr Fritz Riebow, der männliche Teil besagter Freundschaft, eines Sonnabends mitteilte: »Morgen nachmittag muß ich spielen, am besten kommst du nach dem Spiel in die Kabine. 15.30 Uhr ist Anstoß, um fünf bin ich soweit.« Daraufhin gingen die Ansichten der beiden erschreckend auseinander, da Annemarie über den »idiotischen Fußballsport« schimpfte und Fritz Riebow mit Besessenheit vom »König Fußball« redete.

> Die neugegründete LPG hat eine Fußballmannschaft aufgestellt. Oma Krause hat Bedenken, weil ihr Enkel mitspielt. Sie geht zum Pfarrer. »Herr Pfarrer, darf mein Enkel sonntags Fußball spielen?« Der Pfarrer: »Aber ja, wenn unsere Mannschaft gewinnt!«

So lagen die Dinge, als Fritz sich Annemarie gegenüber als Fußballer entlarvte. Wir können die Vorgeschichte in diesem Stadium abkürzen, denn die beiden waren sich schon so sympathisch, daß Annemarie trotz des Mißklanges in der Fußballdiskussion am Sonntag 15.30 Uhr auf dem Sportplatz als ninteressierte Zuschauerin erschien.

Annemarie war ein Mädchen mit ausgeprägtem Innenleben, folglich schrieb sie ein Tagebuch. Eben dieses Tagebuch hilft uns nun in unserem Sportbericht weiter. Schlagen wir also das Tagebuch auf: »Sonntag, Mai 1950: Fritz spielt in der 1. Mannschaft der BSG Industrie M. Er spielte gegen BSG Waggonbau G. Ich verstehe überhaupt nicht, wieso ich ausgerechnet in einen Fußballer verliebt sein kann. Ich werde ihm das Fußballspielen schon abgewöhnen. Mein Mann – Fritz kommt in diesem Fall überhaupt nicht in Frage – dürfte niemals Fußball spielen.«

Hier muß die Veröffentlichung des Tagebuches unterbrochen werden, da Annemarie im Laufe der Woche andere liebenswürdige Intimitäten notierte, die keineswegs in das Gebiet des öffentlichen Sports und der Körperkultur fallen. Wir als Sportler und Sportzuschauer interessieren uns nur für den Sport.

Wir öffnen das Tagebuch Annemaries nur von Sonntag zu Sonntag.

»Letzter Sonntag im Mai 1950. Fritz spielte gegen Lokomotive St. Mittelläufer. Es war ein Freundschaftsspiel. Fritz hinkte trotzdem am Schluß. Er schwitzte fürchterlich. Man sollte Fußball staatlich verbieten. Schon wegen dem Kopfballspiel – der klügste Mensch muß doch davon eine Mattscheibe kriegen.«

»1. Sonntag im Juni: Wenn Fritz gewinnt, kommt er in die Liga von Sachsen. Fritz sagt, es wäre ein Rückspiel gewesen und auf dem Platz von Fettchemie hätte keine Mannschaft gewonnen. Fritz hat verloren, jetzt hinkt er auf beiden Beinen. Er konnte nach dem Spiel nicht mal mit mir tanzen. Ich habe mit dem Rechtsaußen von Fettchemie getanzt. Er tanzt gut, im Spiel war er ein Versager. Ich würde nur einen guten Fußballer heiraten.«

»2. Sonntag im Juni: Es ist aus mit der Meisterschaft. ›Industrie‹ hat im entscheidenden Spiel nur unentschieden gespielt, und Fritz war daran schuld. Er hat einen Elfmeter an die Latte geknallt. Er hat eine Wut und redet kein Wort mit mir. Fußball ist ein schöner Sport, aber die Fußballer sind unausstehlich.«

»4. Sonntag im Juni: Spiel gegen Turbine B. Unsere Mannschaft spielte wie die ersten Menschen. Fritz lief fast gar nicht, er ging auf dem Spielfeld spazieren. Turbine war ungefähr genau so schlecht. Ein Glück, daß nun die Sommerspielpause anfängt. Unsere Mannschaft ist fest davon überzeugt, daß sie in der nächsten Spielzeit Meister wird, aber ich glaube, diese Überzeugung haben alle Mannschaften zu Beginn der Spielzeit.«

Annemaries Sportberichte im Tagebuch setzten im September wieder ein und lassen erkennen, wie außerordentlich fachmännisch und kritisch Annemarie den Fußballspielen zuschaut. Im November wurde Fritz, der Mittelläufer, geheiratet, zur Belohnung, weil er am Sonntag vorher im Punktspiel ein Tor geschossen hatte. Tagebuch schreibt Annemarie von diesem Zeitpunkt an nicht mehr, für eine verheiratete Frau ist ein Tagebuch ja entbehrlich. Dafür schreibt Annemarie Fußballsportberichte in ihrer Kreiszeitung, ganz objektive Berichte selbstverständlich, denn Annemarie spielt theoretisch viel besser Fußball als ihr Mann, der Mittelläufer.

H. J. Stein

Ein weites Feld

Leichtathletik ist ein weites Feld. Was gibt es da nicht alles: Speerwerfen, Kugelstoßen, Stabhochsprung, Weitsprung, Kurzstreckenläufe, Langstreckenläufe, Staffelwettbewerbe und so weiter. Ein weites Feld. So unterschiedlich die einzelnen Disziplinen ihrer Technik und ihrem Wesen nach aber auch sein mögen – eins ist ihnen gemeinsam: Der Leichtathlet hat in allen Disziplinen die Chance und das Bestreben, so weit und so hoch zu springen wie möglich, so weit zu werfen, zu schleudern und zu stoßen wie möglich, so schnell zu laufen wie möglich. Ein Gemeinplatz? Warten Sie! Es gibt eine Ausnahme. Es gibt das Gehen. Der Geher hat Beine. Mit Beinen kann man laufen – so schnell wie möglich. Der Geher darf aber nicht laufen,

»Halten Sie doch mal an, Sie Tierquäler!«

denn es geht sich langsamer, wenn man geht. Das Niedrigspringen, das Langsamsprinten und das Speerkurzwerfen gibt es noch nicht, aber ihre amtliche Zulassung wäre nicht seltsamer als die längst zur lieben Gewohnheit gewordenen Geherwettbewerbe. Man sehe sich eine Kolonne erwachsener Männer an, deren Beine immer in läuferischer Bereitschaft gehalten, niemals aber wirbelnd beschleunigt werden dürfen, weil es gegen die Regel ist. Diese Männer sind Märtyrer. Sie bestreiten die einzige sportliche Disziplin konsequenter Disziplin: Sie hängen sich – bildlich gesprochen – einen Klotz ans Bein, die Strecke vom Start bis zum Ziel entbehrungsreicher, umständlicher, langsamer – kurz: disziplinierter zurückzulegen als ein Langstreckenläufer, der ohne Handicap zum Ziele strebt. Rekordgeher legen die Zehnkilometer-Distanz in einer Dreiviertelstunde zurück. Zatopek benötigt für die gleiche Strecke nur neunundzwanzig Minuten. Allerdings läuft er. Würde Zatopek einen Geher aus Versehen mit »Kollege« anreden, gäbe es nur eine Antwort: »Ich, ein Läufer? Niemals. Ich gehe zu Fuß!«

7. Kapitel

Unter vier Augen

Über Verliebte und Verheiratete

1951 sieht bei der **DEFA** der Stoff, aus dem die Konflikte sind, so aus: Die Liebe eines jungen Schauspielerehepaares droht zu zerbrechen; Jochen arbeitet am Theater in **Westberlin**, Agnes filmt in **Ostberlin**. Ihre politischen Ansichten driften immer mehr auseinander. Als sie schließlich vor dem Scheidungsrichter stehen, begreift Jochen, daß Agnes den richtigen Weg gegangen ist. So **Kurt Maetzigs** Film »Roman einer jungen Ehe«. Die DDR-Literatur kann in den Jahren 51/52 nicht mit einem großen Liebesroman aufwarten, aber **Ludwig Turek** schreibt mit »Anna Lubitzke«, später als »Steinzeitballade« verfilmt, einen Roman über die aufopferungsvolle Arbeit der sogenannten Trümmerfrauen. In den hier folgenden **Humorgeschichten** geht es weniger dramatisch zu, aber auch hier finden sich **handfeste Konflikte** mit viel Zeitkolorit: wenn etwa zwei zueinander nicht kommen können, weil sie zur **Untermiete** wohnen; wenn ein eingefleischter Junggeselle unfreiwillig einen **Heiratsantrag** stellt; wenn der Familienabend als Übungsstunde für das harte Berufsleben genutzt wird; wenn der Ehemann seine Fertigkeiten als **Heimwerker** unter Beweis stellen will.

Rolf Pester

Kleider machen Umstände

Heute weiß ich es: An allem ist nur meine verfluchte Eitelkeit schuld. Hätte ich mir einen anständigen Anzug gekauft, wäre zweifellos alles ganz anders gekommen. Aber nein, der Teufel ritt mich, es mußte ein Smoking sein. Und heute frage ich mich: Wozu braucht ein Mensch wie ich einen Smoking? Ich habe keinerlei gesellschaftliche Verpflichtungen, die ein solches Kleidungsstück notwendig machen, sofern man von einigen gelegentlichen Theaterbesuchen absieht. Und dafür wäre ein dunkler Anzug völlig ausreichend gewesen.

Meine derzeitige Freundin war natürlich begeistert. Frauen sind bekanntlich stets für was Ausgefallenes. Sie lag mir so lange in den Ohren, bis ich schließlich widerstrebend nachgab und ihn gleich am ersten Sonntag anzog.

Ich ließ es geschehen, daß ich von sämtlichen Familienmitgliedern abgeküßt wurde.

»Prachtvoll siehst du aus«, sagte sie entrückt. »Fast wie ein Filmschauspieler!«

Ich war anderer Meinung. Ich kam mir, offen gesagt, lächerlich vor. Doch ich schwieg. Wir gingen in eine große Speisegaststätte zum Mittagessen. Es war ein sehr distinguiertes Lokal. Die Preise waren meinem Smoking durchaus angemessen. Meine Freundin winkte einen Ober heran. Doch ehe ich meine Bestellung aufgeben konnte, sagte jener mit hochgezogenen Augenbrauen: »Ziemlich unvorsichtig, mein Lieber!« – »Bitte?« fragte ich verblüfft.

»Wenn das der Chef sieht, ist der Teufel los. In solchen Dingen versteht er keinen Spaß!«

»Bitte?« fragte ich zum zweitenmal. Doch er zuckte nur die Achseln und entfernte sich. Wir sahen uns verständnislos an. Da stand auch schon ein mit unaufdringlicher Eleganz gekleideter Herr an unserem Tisch, musterte mich von oben bis unten und fragte streng: »Was soll das?« Ich starrte ihn mit offenem Munde an. »Was fällt Ihnen ein, sich während der Arbeitszeit hierherzusetzen?« fuhr er fort. »Sind Sie denn von allen guten Geistern verlassen?«

Ich entgegnete gereizt: »Das gleiche möchte ich Sie fragen. Alle Hochachtung vor Ihrem Umgang mit den Gästen! Vielleicht erklären Sie mir gefälligst erst mal, was Sie von mir wollen!«

»Sie sind doch der neue Aushilfskellner?« fragte er etwas irritiert.

»Wie kommen Sie denn darauf?« sagte ich entgeistert. »Sie irren sich, mein Herr. Ich bin hier Gast.«

Wiederum musterte er mich mit einem langen Blick. »Dann
bitte ich um Entschuldigung«, murmelte er schließlich. »Ich
dachte, Sie wären unser neuer Aushilfskellner. Entschuldigen
Sie.« Er zog sich mit einer Verbeugung zurück.
»Was sagst du dazu!« fragte ich meine Freundin kopfschüt-
telnd. »Verstehst da das?«
Sie kicherte. »Natürlich. Ist dir nicht aufgefallen, daß du in dei-
nem Smoking den Kellnern zum Verwechseln ähnlich siehst?«
»Soso«, murrte ich gekränkt. »Und vorhin hast du behauptet,
ich sähe aus wie ein Filmschauspieler! Im übrigen ist mir der
Appetit vergangen. Wir gehen woanders hin. Komm!« befahl ich
streng, als sie etwas entgegnen wollte.
Wir gingen in ein kleines anspruchsloses
Lokal. Hier gab es nur einen einzigen Ober.
Er trug zudem eine weiße Leinenjacke, so
daß ich vor einer neuerlichen Verwechslung
sicher war. Ich atmete auf. Leider zu früh.
Wir saßen noch nicht lange, als aus irgend-
einer Ecke eine alte Frau zu unserem Tisch
gehumpelt kam. Sie nannte mich »Herr Pfarrer« und »Hochwürden« und ersuchte mich
mit geradezu beängstigender Redseligkeit,
ihr mit Rücksicht auf ihre Notlage und in
Anbetracht ihrer stets bewiesenen Glau-
benstreue einen bescheidenen Zuschuß aus
der Gemeindekasse zukommen zu fassen.
Ich hatte geschlagene zehn Minuten zu tun,
um ihr meine durchaus weltliche Stellung
klarzumachen. Sie schlurfte kopfschüttelnd
davon.

Meine Freundin bekam einen Lachkrampf.
»Lach nur«, sagte ich ergrimmt. »Es ist sehr traurig, daß du das
noch lächerlich findest. Hätte ich bloß den verfluchten Smoking
nicht angezogen!«
Wir aßen schnell und gingen. Die allseitige Aufmerksamkeit,
der ich in dieser bescheidenen Umgebung ausgesetzt war,
wurde mir in zunehmendem Maße lästig.
»Was nun?« erkundigte sich meine Freundin.
»Wir gehen zu dir«, erklärte ich mit Entschiedenheit. »Ich habe
es satt, mich wie ein Zirkuspferd anstarren zu lassen!«
Ich möchte bei dieser Gelegenheit bemerken, daß ich schon
einige Male bei ihr war und mit den alten Herrschaften Skat
gespielt hatte. Gegen diese Art von Familienanschluß hatte

*»Aber mein Herr, ich
habe noch nie einen
Mann geküßt!«
»Macht nischt, ich
auch nich, mein Frol-
lein!«*

ich keine Bedenken, lag sie doch gewissermaßen auf höherer Ebene.

Zunächst war alles wie sonst.

»Freut mich, daß wir Sie wieder mal zu Gesicht bekommen«, sagte der Vater meiner Freundin und schüttelte mir kräftig die Hand. »Wieder ein kleines Spielchen gefällig?«

Er half mir aus dem Mantel. Da geschah etwas Sonderbares. Sein lächelndes Gesicht wurde plötzlich ernst. Er schaute mit Augen, die immer größer wurden, auf meinen Smoking, dann auf meine Freundin, dann wieder auf meinen Smoking.

»So ist das also«, murmelte er schließlich.

Ich starrte ihn verständnislos an. Plötzlich schloß er mich mit weitausholender Bewegung in die Arme und sprach mit sichtlicher Rührung: »Laß dich umarmen, mein Sohn. Offen gestanden haben wir schon lange auf diesen Augenblick gewartet. Es wurde ja schließlich auch Zeit.«

Jetzt begann ich zu begreifen. Ich hob entsetzt die Hände.

»Ich ...«, ächzte ich.

»Laß gut sein«, sagte er und klopfte mir lächelnd auf die Schulter. »Du kannst dir deine wohlgesetzte Rede sparen. Ich weiß aus eigener Erfahrung, wie schwer es einem wird, um die Hand der Angebeteten anzuhalten.« Er umarmte mich abermals und sagte feierlich: »Nimm sie, mein Sohn. Wir sind einverstanden. Ich bin sicher, du wirst uns nicht enttäuschen.«

Meine Beine trugen mich nicht mehr. Ich glaubte einen schrecklichen Traum zu träumen. Hilflos sank ich in den nächsten Sessel. Ich ließ es geschehen, daß ich von sämtlichen Familienmitgliedern abgeküßt wurde: Zuerst von meiner strahlenden Freundin, dann von der in Tränen aufgeweichten Mutter und endlich von dem sichtlich bewegten Vater meiner so plötzlich zur Braut gewordenen Freundin. Ich möchte auf den weiteren Verlauf des Abends nicht näher eingehen. Als ich schließlich mit alkoholschwerem Kopf und unbegreiflich guter Laune gegen ein Uhr aufbrach, sagte mein künftiger Schwiegervater augenzwinkernd zum Abschied: »Unter uns gesagt: Wenn du deinen Smoking nicht angehabt hättest, wäre ich nie dahintergekommen, was du eigentlich vorhattest!«

»Ich auch nicht«, sagte ich.

Aus diesem Grunde, verehrte Freunde und Mitbürger, die Sie mich und meine unerschütterliche Treue zum Junggesellenstand kennen, bitte ich Sie, nicht allzusehr mit mir ins Gericht zu gehen, wenn Sie nächstens in der Tageszeitung meine Heiratsanzeige ...

»Stell dir vor, die DDR hat aus der Sowjetunion zehn Millionen Schuhe bekommen ...«
»Das ist aber eine großzügige Hilfe!«
»... zum Besohlen!«

Achim Fröhlich

Training

Es spielen mit: Lothar, Gitta und Achim

Achim (steigt keuchend eine Treppe hinauf): Schrecklich, daß alle Leute, die ich gerade besuche, im 4. Stock wohnen. Mir kommt es manchmal so vor, als gäbe es nur 4. Stockwerke. (Ist oben angelangt. Aus Lothars Wohnung ist die laute, schimpfende Stimme eines Mannes zu vernehmen.)

Achim: Ach, um Gottes willen, bei Lothar scheint ja eine nette Stimmung zu herrschen! Und das nach acht Wochen Ehe! Womöglich störe ich noch. (Klingelt ziemlich lange, immer noch lautes Schimpfen, unverständliche Laute, endlich wird die Tür aufgerissen.)

Lothar (atemlos): Ach, du bist's?

Achim (gereizt): Du hast vollkommen recht, ich bin's!

Lothar: Na, also komm mal ruhig rein. (Bietet ihm Platz am Tisch an.) Setz dich hier an den Tisch. Mache es dir ganz bequem!

Achim (verwundert): Aber, sag mal, wie sieht das denn hier auf dem Tisch aus? Flaschen, Brötchen, Kuchen, leere Gläser, alles steht und liegt herum ...

Nanu? Hat hier vielleicht jemand Geburtstag? Nach dem Krach von vorhin zu urteilen, muß ich das ja annehmen. – Ich glaube, ich störe womöglich doch!?

Lothar: Ach, Unsinn! (Schreit nach hinten:) Hallooo! Wie lange dauert denn das, ehe ich mein Bier kriege? Das ist ja furchtbar! So eine Schweinerei!

Gitta (ruft aus der Küche, sehr höflich): Einen Augenblick, bitte! Das Bier kommt sofort!

Lothar: Na, es wird aber höchste Zeit!

Achim: Entschuldige, Lothar, wenn ich mich einmische – aber redest du immer so mit deiner Frau? Acht Wochen nach eurer Hochzeit? Gleichberechtigung der Frau gibt es bei dir wohl überhaupt nicht?

»Wenn wir etwas für den Fünfjahrplan tun wollen, Fräulein Annie, könnten wir mal ein Stündchen Strom sparen!«

Lothar (unwirsch): Ach Quatsch!

Gitta: Bitte schön, das Bier ... (sich an Achim wendend, betont höflich) Guten Tag, mein Herr.

Lothar (haut auf den Tisch): Das Bier schmeckt ja warm wie Abwaschwasser, pfui!

Gitta (immer noch sehr höflich): Das kann nicht möglich sein. Aber ich werde ein neues Glas bringen. (Nimmt das Bierglas weg und verschwindet wieder in der Küche.)

Lothar (hinterherrufend): He, Bedienung, bringen Sie 'n Likör, aber 'n ganz scharfen! Verstanden!? Und etwas schneller! Herr Gott, ist das ein langsamer Betrieb!

»Aber Mutti ...«
»Kindchen, ick stelle ihn ja bloß mal uff Probe. Wenn er sichs jefallen läßt, ist er der Richtige für dich.«

Achim (erstaunt): Also nun möchte ich tatsächlich mal wissen, was hier los ist! Benimmst du dich deiner Frau gegenüber immer so häßlich?

Lothar: Ach Quatsch!

Gitta (kommt): Bitte schön, zweimal Likör!

Lothar (nippt, brüllt dann): Das soll ein scharfer sein? Der ist ja mit Wasser gemischt!

Gitta: Das wird wohl kaum der Fall sein.

Lothar: Sofort was Ordentliches zu essen! Ich habe tollen Hunger.

Gitta (höflich): Bitte schön, sofort.

Achim (kopfschüttelnd): Ihr seid offenbar total verrückt geworden! Herzlichstes Beleid!

Lothar: Was heißt verrückt geworden? Das machen wir jetzt schon eine halbe Stunde lang so.

Achim: Sag mal, und Gitta hat noch nicht die Scheidungsklage eingereicht?

Gitta (ist dazugetreten und lacht): Ist nicht notwendig, wir verstehen uns glänzend.

Achim (perplex): W ... wie? W ... was? Jetzt begreife ich überhaupt nichts mehr.

Lothar: Ja, die Sache verhält sich so: Gitta ist Kellnerin in einer HO-Gaststätte, und nächste Woche beginnt dort ein Wettbewerb für gute Bedienung.

Gitta (zu Achim): Und was du eben gesehen hast, war mein Vorbereitungstraining zu diesem Wettbewerb. Das führen wir seit zwei Wochen jeden Abend durch!

Eulenspiegeleien

"Na, nanu, Herr Schulze, bearbeiten Sie Ihre Akten auch so schnell?"

Lotte Ulbricht bestellt bei ihrer Schneiderin eine neue Bluse. Neben den üblichen Angaben über Maße, Farbe, Schnitt gibt sie auch an, daß die neue Bluse »Bordellärmel« erhalten soll. Die Schneiderin ist ratlos und weiß nicht, was damit gemeint ist. Also ruft sie bei Walter an und fragt nach. Sagt dieser: »Ach die drückt sich nur so vornehm aus, die meint natürlich Puffärmel!«

BERLIN / MAI 1952

IV. Bundeskongress

DIE BESTEN DER HO WISMUT

DER WEG DER SOZIALISTISCHEN GEMEINSCHAFTSARBEIT IST DER BESTE WEG IN DIE LICHTE ZUKUNFT UNSERER SOZIALISTISCHEN GESELLSCHAFT!

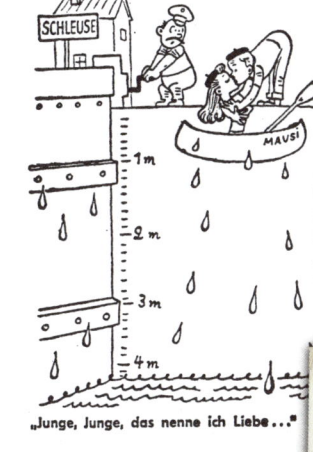

"Junge, Junge, das nenne ich Liebe…"

Der FDGB hilft!

Werktätige Frauen, auf Eure Mitarbeit kommt es an! Tretet noch heute ein in den FDGB

" …da wird sich das Fräulein Braut aber freuen!"

Gerd W. Heyse

Badezimmergeheimnis

Anläßlich des Internationalen Frauentages findet in der sowjetischen Regierungszeitung Iswestija ein Preisausschreiben mit Wissensfragen zum Thema Frau statt. Gewinner ist der zehnjährige Aljoscha. Da trifft ein wütendes Schreiben von Iwan Iwanowitsch ein: unmöglich, daß ein Zehnjähriger am meisten über die Frauen weiß. Die Iswestija druckt den Antwortbrief ab: »Lieber Iwan Iwanowitsch, alles hat seine Richtigkeit, Aljoscha hat alle drei Fragen einwandfrei beantwortet. Gehen wir sie der Reihenfolge nach durch. Unsere erste lautete: ›Wo sind die Haare der Frauen am krausesten?‹ Aljoscha antwortete völlig richtig:

Fräulein Sylvia war, was nicht zu übersehen war, entzückend gewachsen. Wie man hörte, konnte sie Klavier spielen, ein wenig kochen und beinahe erträglich singen. Fräulein Sylvia war meine Zimmernachbarin in Kranzlers Wohnung. Wir waren Leidensgenossen, das heißt möblierte Untermieter. Wir konnten zusammen nicht kommen – ohne daß Kranzlers dazwischenstanden. Als ich einmal aus Fräulein Sylvias Zimmer herauskam, stellte mich Herr Kranzler zur Rede. »Lieber Herr Schmidtchen«, sagte er unfreundlich, »Sie wohnen bei uns! Denken Sie immer daran!« – »Aber Herr Kranzler«, entgegnete ich beruhigend, »wie könnte ich das jemals vergessen! Fräulein Sylvia zeigte mir soeben nur einmal ihren neuen Badeanzug.« Herr Kranzler schnappte nach Luft. »Sie sieht im Bikini ganz toll aus«, sagte ich noch und schloß meine Zimmertür.

Eine halbe Stunde später klopfte es. Frau Kranzler trat ein. »Herr Schmidtchen«, begann sie streng, »wir haben die Absicht, übermorgen zu verreisen.« – »Das freut mich«, erwiderte ich höflich, »ich wünsche Ihnen recht schönes Wetter, Frau Kranzler.« – »Herr Schmidtchen«, wiederholte sie mit erhobener Stimme, »Sie wissen ganz genau, was ich meine. Wir sind ein gepflegter, seriöser Haushalt.« – »Wer bezweifelt das?« rief ich entrüstet, »sagen Sie mir sofort, wer! Ich werde ihn züchtigen!« – »Wir gehen um den heißen Brei herum«, sagte Frau Kranzler kühl. »Wie gesagt, wir wollen verreisen. Sie sind dann allein in der Wohnung.« – »Aber nicht doch«, widersprach ich, »Fräulein Sylvia ist ja auch noch da.« – »Eben das meine ich«, fuhr Frau Kranzler ärgerlich fort, »und ich wünsche bei meiner Rückkehr alles so wiederzufinden, wie ich es verlassen habe.« – »Frau Kranzler«, antwortete ich laut, »ich bin nur ein simpler Untermieter, aber beleidigen lasse ich mich nicht! Ich bin unbescholten, für Fräulein Sylvia lege ich Hand und Fuß ins Feuer! Ich kenne zufällig Ihr Tafelsilber. Es interessiert mich nicht. Es ist viel zu altmodisch.« Frau Kranzler warf mir einen sonderbaren Blick zu, erhob sich und ging zur Tür. »Die jungen Mädchen von heute sind unberechenbar, Herr Schmidtchen«, sagte sie freundlich, »und die jungen Männer leider oft zu schwach. Aber ich vertraue Ihnen.« – »Das ehrt mich, Frau Kranzler«, erwiderte ich höflich, »ansonsten aber möchte ich bemerken, daß nicht allein junge Mädchen unberechenbar sind.

Ich bin vielmehr der Ansicht, daß gewisse ältere Damen oftmals recht eigentümliche Schwächen für junge Männer haben.« Frau Kranzler wurde rot und stieß einen schwachen Seufzer aus. Sie warf mir noch einen verzehrenden Blick zu. »Ich jedenfalls bin Herrin meiner Gefühle«, sagte sie hastig und ging hinaus. – Als die Taxe mit Kranzlers und Gepäck abgefahren war, klopfte ich bei meiner Nachbarin an. »Ich möchte Ihnen nur mitteilen, daß wir ab sofort vierzehn Tage allein in der Wohnung sind. Ich hoffe, Sie wissen das gebührend zu würdigen.« Fräulein Sylvia lächelte bezaubernd. »Ich denke doch«, anwortete sie freundlich. »Da Sie einmal hier sind, Herr Schmidtchen, würde es meine Befugnisse überschreiten, wenn ich heute erstmalig die Kranzlersche Badewanne benützte? Die Gelegenheit ist doch äußerst günstig.«

»Fräulein Sylvia«, sagte ich sanft, »das kann ich im Augenblick nicht entscheiden. Aber ich werde es mir überlegen.« Eine Viertelstunde später hörte ich das Badewasser rauschen. Ich ging hinaus. Ich klopfte an die Badezimmertür. »Fräulein Sylvia!« rief ich laut, »ich habe es mir überlegt. Sie dürfen auf keinen Fall baden! Es überschreitet ganz bestimmt Ihre Befugnisse!« – »Wirklich?« rief sie prustend zurück, »aber ich sitze doch schon im Wasser!« – »Steigen Sie sofort wieder heraus!« rief ich befehlend, »ich habe dann auch nichts gesehen und gehört.« – »Sie haben doch wirklich nichts gesehen!« entgegnete Fräulein Sylvia lachend. »Leider«, seufzte ich. »Öffnen Sie sofort«, sagte ich wütend, »oder ich drehe Wasser und Gas ab!« – »Bitte, Herr Schmidtchen«, rief sie und erstickte fast vor Lachen, »der Haupthahn ist hier im Bad.« – »Fräulein Sylvia«, erwiderte ich streng, »ich werde Kranzlers von Ihrer Untat in Kenntnis setzen.« Krachend warf ich meine Zimmertür zu.

Eine halbe Stunde später klopfte Fräulein Sylvia. »Ich fühle mich wie neugeboren«, sagte sie fröhlich, »wollen Sie nicht auch ein Bad nehmen? Ich lasse Ihnen gern eine Badetablette ab.« »Ich hätte Sie rechtens am Baden hindern sollen«, antwortete ich mürrisch, »es wäre meine Pflicht gewesen, Fräulein Sylvia. Ich fühle mich verantwortlich für alle Vorgänge in dieser Wohnung. Ich weiß nicht, aber ... Sie sind ein sehr eigensinniges Geschöpf mit meergrünen Augen. Aber – wie hätte ich Sie denn hindern können?« Ich schüttelte ärgerlich den Kopf.

Fräulein Sylvia lächelte strahlend. »Es tut mir schrecklich leid«, sagte sie und warf mir einen schrägen Blick aus ihren Katzenaugen zu, »aber ich hatte die Badezimmertür tatsächlich nicht abgeschlossen, Herr Schmidtchen.«

›In Afrika.‹ Ihre Antwort, verehrter Iwan Iwanowitsch, wollen wir hier aus bestimmten Gründen lieber nicht wiederholen. Unsere zweite Frage lautete: ›Welches sind die wichtigsten Organe der Frau?‹ Aljoscha antwortete völlig richtig: ›Die Prawda und die Iswestija‹. Auch hier wollen wir Ihre Lösung lieber der Öffentlichkeit verschweigen. Unsere dritte Frage lautete: ›Was hat die Frau am liebsten?‹ Aljoscha schrieb uns: ›Den Frieden und den Sozialismus.‹ Was Sie, verehrter Iwan Iwanowitsch, uns dazu mitteilten und ihre beigefügten obszönen Zeichnungen – Schwamm drüber! Mit sozialistischem Gruß ...«

Erich Hanko

Schauer-Neigung

Kurt hatte die Wolke kommen sehen. Es war eben April. Aber da Ursula einen Schirm mitgenommen hatte, blieben sie auf der Bank sitzen. Es waren ja auch noch wichtige Dinge zu erörtern. »Wir müssen uns darüber klarwerden«, begann Ursula wieder. »Es sind Fragen, die für unser ganzes Leben entscheidend sind.«

Kurt nickte und beobachtete die Wolke, die sich rasch näherte.

»Wir sind ja ganz gut miteinander ausgekommen«, fuhr Ursula fort, »aber gewisse Verschiedenheiten bestehen eben doch, sie werden sich mit der Zeit vertiefen.«

»Sind es nicht nur kleine, vorübergehende Differenzen, wie sie überall einmal vorkommen?«

Ursula schüttelte den Kopf. »Wir passen nicht zueinander.«

Die ersten Tropfen fielen. »Den Schirm kannst du aber trotzdem aufmachen«, sagte Kurt. Ursula tat es. »Merkwürdig«,

»Karl, ich glaube, es ist ein Gewitter im Anzug.«

fuhr er nach kurzer Pause fort, »Marianne hat das auch schon festgestellt.«

»Was?«

»Daß wir beide nicht zueinander passen.«

Ursula hob den Kopf. »Was weiß Marianne von uns beiden? Und vor allen Dingen, was geht sie unser Verhältnis an?«

»Eigentlich nichts«, gab Kurt zu. »Sie meinte nur eben, wie du ja auch …«

Ursulas Brauen zogen sich zusammen. »Das kann sie ja gar nicht beurteilen. Aber ich kann mir schon denken, was sie mit ihrer Bemerkung beabsichtigte.« Kurt wußte es nicht. Ursula warf den Kopf ungeduldig in den Nacken. »Natürlich merkt ihr Männer so etwas nicht. Sie wollte unser Verhältnis stören und dich für sich gewinnen.«

Es regnete stärker, und sie mußten enger zusammenrücken. »Im übrigen hat Marianne keine Spur von Menschenkenntnis«, sagte Ursula erregt. »Wie kann sie solch eine Behauptung aufstellen!«

Kurt starrte verblüfft in ihr gerötetes Gesicht. »Sagtest du vorhin nicht selbst ...«

Sie lachte nervös auf. »Oh, ich kenne diese hinterhältigen Schleichwege! Sie will nur eine Entfremdung zwischen uns herbeiführen. Und ihr Männer laßt euch dieses Gift ruhig einflößen – oder ... seid ihr euch etwa gar schon ... nähergetreten?« Um ihren Mund zuckte es.

»Das nicht gerade«, sagte Kurt. »Wir wollten nur nächstens mal zusammen ins Kino gehen.«

»Ich habe es ja gewußt«, schluchzte sie. »Du betrügst mich!«

»Weil du doch keine Sportfilme magst!«, sagte Kurt verzweifelt. »Und weil ... weil wir ja doch nicht zueinander ...«

Sie sah ihn mit feuchten Augen an: »Das hat sie dir

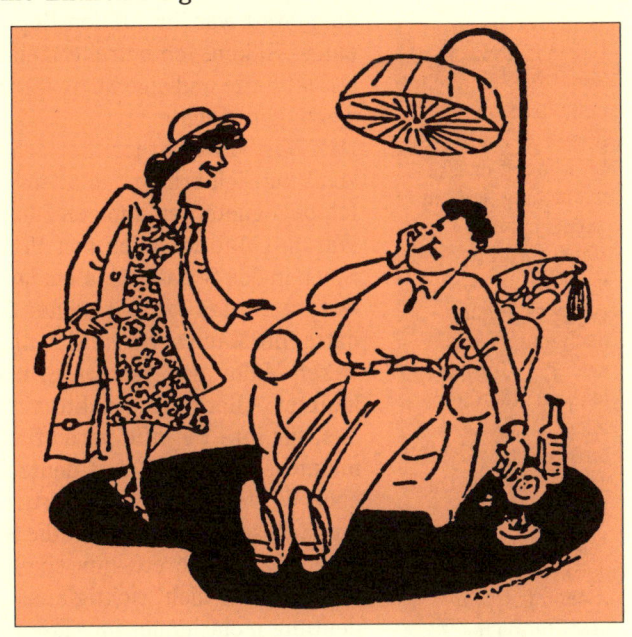

also wirklich eingeredet, diese Schlange! Kurt, was hast du, mir versprochen? Hast du mir nicht Treue geschworen?« Sie lehnte ihren Kopf an seine Schulter und weinte herzzerbrechend.

Kurt schluckte und hielt die ausgestreckte Hand in die Luft. »Es hat aufgehört zu regnen«, sagte er. »Du kannst den Schirm wieder zumachen.«

»Nur, wenn du mir versprichst, nicht mit Marianne ins Kino zu gehen.

Im nächsten Augenblick war die Sonne wieder da, was ja im April keine Seltenheit ist.

»Na, Emil, hast du mich denn sehr vermißt?«
»O ja, selbstverständlich; warst du denn fort?«

W. K. Schweickert

1000:1

23.9. Meine Frau hat mir ein über 400 Seiten starkes Buch geschenkt. »Wie baue ich selbst 1000 Dinge?« Ist alles ganz einfach, wenn man das so liest. 1000 Dinge? Ich habe es mit einem
versucht.

»In eine alte Hose sägt es sich angenehmer als in die eigene
Haut.« S. 6 beginnt das Buch.

Bei uns begann es mit einem Aufschrei. Ich lief ins Schlafzimmer. Meine Frau hatte die Gardinen zuziehen wollen. Das Gardinenbrett war ihr auf den Kopf gefallen. Es hing nur noch an
einem Haken. Ich befreite meine Gattin, die sich im Tüll ver-
strickt hatte und eigenartig tänzerische, orientalische Handbe-
wegungen machte.

Das Wort »Dekorateur« fiel. Ich schüttelte den Kopf.

»Laß nur. Ich bringe das allein in Ordnung, Schätzchen!«

Ich begegnete ungläubigen Blicken. »Du?« – »Ja, ich!«

Warum sollte ich mich von Herrn Hufnagel aus dem zweiten
Stock in den Schatten stellen lassen? Ich erinnerte mich an das
Gespräch, das ich mit seiner Frau im Treppenhaus gehabt·
hatte. Ihr Mann verlasse sich nicht auf Klempner, Glaser, Elektriker, Maler und Tischler. Er mache alles selbst, hatte sie behauptet. Allerdings drückte sich Frau Hufnagel etwas anders
aus, für ihre Begriffe vermutlich gebildeter: »Do it yourself!«
meinte sie näselnd. Auf deutsch: »Mach es selbst!« Sie hält
eben Wörter wie Slogan, Party, Trend, Playboy und Hobby für
modisch schick. Leider hat die Sache bei ihr – wie jetzt bei unserem Gardinenbrett – nur einen Haken. Frau Hufnagel spricht
diese Wörter nicht richtig aus. Sie ist sich auch über ihre Bedeutung nicht immer im klaren. So glaubt sie sicher, daß das
Musical »My fair Lady« mit dem 1. Mai zusammenhängt und politischen Inhalt hat. Beweis: Sie sagt ohne jede seelische Hem-
mung Maifeier-Lady, wenn davon die Rede ist.

»Die Bockleiter muß her!« meinte ich, nachdem ich die Lage
überblickt hatte, so als ob ich mit mir selbst spräche. Meine
Erwartungen erfüllten sich. Meine Frau lief hinaus. Inzwischen
versuchte ich, das Brett von der Wand abzunehmen. Es gebär-
dete sich recht widerspenstig. In solchen Fällen werde ich ver-
hältnismäßig schnell wütend. Der Haken in der Deckennähe
reagierte sauer. Er fing bedenklich zu wackeln an.

Betriebsdirektor
Schulze ist endlich
mal wieder einen
Abend zu Hause.
Da klingelt das Te-
lefon. »Sag, ich bin
leider nicht zu
Hause«, ruft er sei-
ner Frau zu. Sie
geht ans Telefon,
nach einer Weile
sagt sie: »Tut mir
leid, mein Mann ist
leider zu Hause«,
und legt auf. Schul-
ze ist wütend: »Du
solltest doch
sagen, ich bin nicht
zu Hause!« –
»Schon gut, war
nicht für dich.«

»Aber, aber«, sagte ich vorwurfsvoll und mit hilfsbereit ausgestreckten Händen, als meine Frau die sich spreizende Bockleiter hereinschleppte. »Das Ding ist doch viel zu schwer für dich, Kind! Komm!«

Ich stellte die Leiter auf und warf einen Blick in die Höhe. »Sie wackelt«, meinte ich nicht ohne Bedenken. »Du mußt sie halten, wenn ich hinaufsteige.«

Meine Frau griff zu, und ich kletterte mit der mir eigenen Elastizität empor. Nun bin ich nicht ganz schwindelfrei. Wenn ich auf einem Aussichtsturm stehe, halte ich mich gern irgendwo fest. Hier aber gab es nichts zum Festhalten. »Vielleicht ist es gut, wenn du mich jetzt über den Fersen packst«, sagte ich warnend. Meine Frau tat es. Resultat: Ich schwankte hin und her und klammerte mich an das lose herabhängende Brett.

»Halt doch die Leiter! Sie kippt ja!« rief ich.

»Ich habe nur zwei Hände! Was soll ich denn nun machen?« rief mein Weib.

»Nur nicht nervös werden! Mit der einen Hand mein Bein – nein, das andere – und mit der anderen Hand die Leiter halten! So ist's gut!«

»Artur, eine Minute nach Mitternacht – Frühlingsanfang! Wo bleibt mein Frühjahrshut?«

Karate üben sei wohl leichter als auf der Leiter stehen, meinte sie ironisch.

Als ich das Brett mit einem energischen Ruck abnahm, löste sich auch noch der zweite Haken aus der Wand.

»Macht nichts«, meinte ich gelassen. »Das ist ein Aufwasch.« Links klaffte ein ganz schönes Loch über der Tapetenleiste. Ich polkte mit den Fingern darin herum. Gipsbrocken lösten sich, fielen herunter.

»Muß das sein?« schimpfte meine Frau. Sie hielt das Gardinenbrett und mir eine Gardinenpredigt.

»Es muß«, gab ich zur Antwort. »Ich muß beide Löcher ordentlich ausputzen, bevor ich sie vergipse. Und dazu brauche ich Meißel und Hammer. Sonst wird das nichts.« Ich überstand den kritischen Augenblick, als meine Gattin Bein und Leiter zögernd losließ, nicht ohne selbstsicher zur Schau getragene Würde.

»Nun mach schon!« drängte ich. Sie lief hinaus.

Wenn ich mir etwas vornehme, darf es keine großen Unterbrechungen geben. Das muß Zug um Zug gehen.

»Meißel! Hammer!« schrie ich mit eingezogenem Kopf. Es ist kein angenehmes Gefühl, wenn man mit spärlich bewachsenem Kopf heftig gegen den Stuck der Zimmerdecke stößt.

»Wo ist denn der Meißel? Ich finde ihn nicht! Du hast ihn doch neulich gehabt!« rief meine Frau aus der Küche.

»Ich? Du warst das! Als du die Wohnzimmertür geölt hast!« antwortete ich geladen. Sie bestritt das. Ich hörte, wie Schubladen auf und zu gestoßen wurden.

»So ist das, wenn keine Ordnung herrscht!« schimpfte ich, während ich wütend von der Leiter herunterstieg.

Ich war nicht geneigt, bis zur Rückkehr meiner Frau zu warten. Deshalb griff ich zur Nagelschere auf ihrer Frisierkommode. Die Hakenlöcher ließen sich damit ganz gut ausputzen.

Dem Gips hatte ich mit Kaffeesatz und Kakao die richtige Farbe verpaßt.

»Das ist doch nicht der richtige Hammer! Der ist viel zu schwer. Ich meine den kleinen, weißt du! Und wenn du den Meißel nicht findest, bringst du mir den großen Schraubenzieher. Der tut's auch!« sagte ich von oben herab. Sie verließ mit einer unterdrückten Bemerkung, die ich nicht verstand, den Raum. Als sie zurückkam, fiel ihr Blick auf den neuen himmelblauen Bettvorleger.

»Bist du denn ganz von Sinnen!« stammelte sie angesichts der vielen Gipsbrocken, die ich aus der Wand gelöst hatte und noch immer herausbohrte.

Sie wies auf die weißen Fußspuren, die ich hinterlassen hatte, lief wieder hinaus und erschien mit einem Handfeger, einer Kehrschaufel und einer Zeitung, die sie raschelnd unter der Leiter ausbreitete. In der Küche kam es dann – zurückhaltend ausgedrückt – zu einem kleinen Disput. Meiner Frau ging es um die verbogene Nagelschere, mir um die nicht auffindbare kleine Tüte Gips. Und so redeten wir sozusagen heftig aneinander vorbei.

Ich entdeckte die Tüte mit dem weißen Pulver in der Schublade des Schuhschränkchens.

»Hoffentlich bindet er noch ab«, meinte ich nicht unfachmännisch, während ich Gips in eine Tasse schüttete.

»So geht's aber wirklich nicht!« Sie riß mir die Tasse aus den

Händen, und ich mußte das »gute Stück«, wie sie sich aus-
drückte, durch eine Konservendose ersetzen.

Das Eindrücken der breiigen Masse in die beiden Löcher war
gar nicht so einfach. Ich hatte die Mischung offenbar etwas zu
dünn angesetzt, und das rächte sich jetzt. Die Tapete, meine
Hosenbeine, die Schuhspitzen, der Fußboden und leider auch
das neue Plumeau bekamen ihren Teil dabei ab. Meine Frau
rannte verzweifelt unter mir hin und her, um noch Schlimme-
res zu verhüten. Sie hatte mein rechtes Bein und die Leiter einfach losgelassen. Aber ich hatte mich inzwischen an meine Hö-
henlage gewöhnt.

»Mach nicht so ein Theater! Wegen der
paar Spritzer auf deinem Haar!« meinte ich
gelassen, während ich von der Leiter herunterstieg, um mir die beiden Haken vorzu-
nehmen. Es erwies sich, daß sie leicht ge-
krümmt waren. Krumme Sachen sind nicht
mein Fall. Ich schlug die Haken auf dem
Fensterblech zurecht. Seitdem scheint es
etwas undicht zu sein ...

»So! Jetzt vierundzwanzig Stunden Ruhe!
Damit die Haken richtig festsitzen!« ver-
kündete ich zufrieden, nachdem ich die beiden Haken vorsichtig eingedrückt hatte.
Ich verließ unser Schlafzimmer in leicht er-
schöpftem Zustand, um mich auf der Couch
etwas auszuruhen.

Meine Gattin hantierte noch eine gute

halbe Stunde nebenan. Ich hörte sie schrubben, wischen, klopfen und leise vor sich hinschimpfen.

Stimmt schon, wenn die Leute sagen, mit den Handwerkern
habe man gelegentlich Ärger.

24.9. »Jetzt mach es aber halb! Du übertreibst mir den Spaß!
Das ist ja beinahe krankhaft!« rief ich aus, als ich heute von
der Arbeit heimkam und meine Frau vor dem Schlafzimmerfen-
ster knien sah.

»Da!« Sie wies mit dem triefenden Scheuerlappen nach oben.
Ich sah mit Bestürzung zwei klaffende Löcher, aber keinen
Haken.

»Was du gemacht hast, hat nicht gehalten. Als ich das Brett
aufsetzen wollte, stürzte alles herunter. Und jetzt haben wir die
Bescherung! Laß doch du die Finger von solchen Sachen!«

*»Gestern bin ich Ihrem
Mann begegnet, aber er
hat mich nicht gese-
hen.« – »Ich weiß, er
hat es mir erzählt.«*

»Warum hängst du das Gardinenbrett so früh auf«, erwiderte ich gereizt. Leider befand ich mich im Unrecht, wie sich gleich herausstellte. Es gab keinen Zweifel – ich hatte anstelle von Gips im Eifer meines Vorhabens Müllers Magensalz angerührt. Das Magensalz ist gut bei Sodbrennen. Insofern hält es, was es verspricht. In der Wand hält es nicht ... Nun, das war kein Beinbruch.

25.9. Besorgte mir heute eine Tüte Gips, rührte das Zeug nach Vorschrift an und setzte die Haken mit einem neuen Spachtel ein.

Sohn Mischa verwarnt. Lachte albern.

26.9. Die Haken sitzen fest in unserer Schlafzimmerwand. Allerdings gab es noch bei den zahlreichen Versuchen, das Gardinenbrett mit dem wallenden Tüll anzubringen, gewisse Schwierigkeiten. Die beiden Haken, nach Augenmaß und den Hinweisen meiner Frau eingesetzt, saßen zu tief!

»Kein Problem«, meinte ich geringschätzig, nachdem ich mir das Gardinenbrett näher besehen hatte. Ich löste kurz entschlossen mit der Zange die Metallschiene vom Bolz, griff zur Laubsäge und verbrauchte ein halbes Dutzend Sägeblätter und zwei schlechtsäbelnde Küchenmesser, bis ich das Brett schmal genug hatte. Beim Aufnageln der versetzten Schiene ging ich eine Nuance zu forsch vor. Als ich das Brett von unserem Küchentisch nehmen wollte, rührte es sich nicht von der Stelle. Ich hatte es festgenagelt. Auch das war kein Beinbruch. Gewiß, es blieben ein paar Löcher zurück, als wir das Brett gemeinsam, unterstützt von Mischa, mit Gewalt vom Tisch rissen. Was die Löcher angeht, die habe ich fachmännisch vergipst. Dem Gips hatte ich mit Kaffeesatz und etwas Kakao die richtige Farbe verpaßt. Meine Gattin hing die Gardine in die Ringe. Ich das Brett auf die Haken.

»Millimeterarbeit«, meinte ich stolz. Meine Frau nickte mir anerkennend zu.

»Prima!« lobte mich Mischa.

Als sie dann die Gardine zuziehen wollte, rührte sich der Tüll nicht.

»Laß mich machen, Liebling!« sagte ich. »Es liegt vielleicht an der Schiene. Vielleicht hat sie sich etwas verbogen. Kann auch die Schnur sein. An der scheint es zu liegen!«

Ich zog kräftig. Der Tüll riß ...

»Nein! Es liegt an dir!« schrie meine Frau. Damit begann alles wieder von vorn ...

Frau Meier klagt Frau Müller ihr Leid.
»Stell dir vor, meinen Mann haben Sie gestern bei der Mai-Demonstration verhaftet.«
»Warum denn das?«
»Er wollte Walter Ulbricht Blumen zuwerfen.«
»Und deshalb haben sie ihn verhaftet?«
»Nun ja, der Blumentopf war noch dran.«

8. Kapitel

Wo wir sind, ist vorn

Es geht seinen sozialistischen Gang

Es ist eine alte Geschichte: Wer ein Amt hat, hat die Macht. Das war im **Staate der Arbeiter und Bauern** nicht anders. Mächtig kraft ihres Amtes waren hier die Behördenangestellten – die zwar **keine Beamten** waren, denn diesen Berufsstand gab es in der DDR nicht –, sich aber mächtig bürokratisch aufführen konnten, wie man es hier bei Erich Hanko nachlesen kann. Mächtig kraft ihres Amtes waren auch **Kellner, Handwerker und Verkäuferinnen**, über letztere weiß E. R. Greulich ein Klagelied zu singen. Setzten diese Berufsstände bei ihrer Macht-, pardon, Amtsausübung auf ihre Unersetzbarkeit – keine Leute, keine Leute –, so gab es eine andere Spezies, die mit ihrem stets korrekten, allen **Vorschriften** folgenden Verhalten den Mitmenschen das Leben schwer machen konnten. Oder auch für unfreiwillige Komik sorgten. Einen solchen Herren porträtiert Ralph Wiener. Die Humoristen und Satiriker mußten also nur mitten ins bunte Leben greifen, wenn es darum ging, die Feder gegen nicht zeitgemäße Zeitgenossen zu wetzen.

Ralph Wiener

Anschließend Film

Es gibt Menschen, die die beneidenswerte Fähigkeit haben, sich allwöchentlich die Litfaßsäulen von oben nach unten, von links nach rechts, kreuz und quer, vor- und rückwärts, im Laufschritt und im Schlendrian, kurz: nach allen erdenklichen Litfaßmethoden anzusehen. Auch ich pilgere gern zu jenen bunten Neuigkeitsanzeigern, nur verfahre ich hierbei nach einem eigenen System: Ich suche mir irgendein bestimmtes Plakat heraus, über das ich dann nachdenke. Was aber will man tun, wenn man folgenden Plakatanschlag der »Gesellschaft zur Verbreitung wissenschaftlicher Kenntnisse« liest:

»Heute abend findet um 20 Uhr im Klubhaus der Gewerkschaften ein Vortrag statt. Es spricht Herr Malermeister Pinsel über das Thema ›Freudige Farben – fröhliches Heim‹. Anschließend läuft der Film ›Weiße Korridore‹. Eintritt frei!«

Darunter hatte die »Gesellschaft zur Verbreitung wissenschaftlicher Kenntnisse« noch ein anderes Plakat anbringen lassen. Dieses hatte folgenden Wortlaut:

»Morgen abend findet um 20 Uhr im Klubhaus der Gewerkschaften ein Vortrag statt. Es spricht Frau Kreisrichterin Theuerkauf über das Thema ›Rechte des Käufers und Verkäufers‹. Anschließend läuft der Film ›Die sich verkaufen‹. Eintritt frei!«

Ich war zwar schon vieles gewöhnt, aber hier platzte mir der Kragen! Ohne langes Besinnen lief ich zum Sekretariat der »Gesellschaft zur Verbreitung wissenschaftlicher Kenntnisse« (ich kann nichts dafür, daß der Name dieser Gesellschaft so lang ist – vielleicht erkundigt man sich beim Kulturbund darüber, wie man diesen Namen verkürzen kann) und gelangte nach langem Hin und Her bei der Anmeldung in das Büro.

»Sind Sie der Sekretär der ›Gesellschaft‹?« fragte ich einen jungen Mann in mittleren Jahren.

»Sie meinen die ›Gesellschaft zur Verbreitung wissenschaftlicher Kenntnisse‹?« verbesserte er mich.

»Allerdings, die meine ich. Mein Name ist Wiener.«

»Kümmel!« erwiderte er.

Ich wollte schon dankend ablehnen, da ich Antialkoholiker bin, doch da begriff ich, daß sich der Sekretär nur vorgestellt hatte, und verbeugte mich: »Angenehm!«

»Bitte nehmen Sie Platz!« sagte Herr Kümmel. »Was haben Sie denn auf dem Herzen?«

In einer kleinen thüringischen Stadt fehlen zur Ortsparteiversammlung Stühle. Der Parteisekretär schickt zwei jungen Genossen zum Pfarrer, welche auszuborgen. Er gibt ihnen mit auf den Weg: »Sagt dem Pfarrer, ich stelle ihm nie wieder Genossen zum Glockenläuten zur Verfügung, wenn er nicht genügend Stühle rausrückt.« Der Geistliche gibt den beiden Männern ausreichend Stühle und bittet sie, dem Parteisekretär auszurichten: »Wenn keine Genossen zum Glockenläuten mehr kommen, schreibe ich auch kein Referat mehr für die Parteiversammlung.«

Ich fragte ihn, was seiner Meinung nach ein Malermeister mit Ärzten und das Kaufrecht mit Prostituierten zu tun habe.

Er sah mich erstaunt an, dann erklärte ich ihm den Inhalt der beiden Filme.

»Ach so«, unterbrach er mich, »Sie meinen unsere Vortragsabende! Also wissen Sie: Ehrlich gesagt, wir sehen uns die Filme natürlich vorher nicht erst an. Wir gehen allein nach dem Titel. Paßt der Titel zum Vortragsthema, ist die Sache in Ordnung. Was meinen Sie, wie schwer es oft ist, einen passenden Filmtitel zu finden?! Neulich hatten wir einen Vortrag über Elektrotechnik – da haben wir gespielt ›Unter tausend Laternen‹. Dann stand ein Vortrag an über moderne Kosmetik – da spielten wir die ›Hexen von Salem‹. Vorigen Mittwoch veranstalteten wir einen Vortrag über unsere Viehaufzucht – da ging der ›Ochse von Kulm‹ über die Leinwand. Nächste Woche soll ein Vortrag über die Frauen um Liszt stattfinden – da spielen wir einfach den Film ›Frauenlist‹.«

»Mein lieber Herr Kümmel«, unterbrach ich das fürchterliche Register. »Wenn Ihre ›Gesellschaft‹ Wert darauf legt …«

Persönlichkeit

Er fuhr mich energisch an: »Sie meinen die ›Gesellschaft zur Verbreitung wissenschaftlicher Kenntnisse‹!«

»Also gut«, beruhigte ich ihn, »ich wollte Ihnen nur raten, mit der Auswahl Ihrer Filme etwas wählerischer zu sein.«

Doch da hatte ich anscheinend seine empfindlichste Stelle getroffen. »Warum kommen Sie da ausgerechnet zu uns?« fragte er und zog einen ganzen Stapel von Plakaten aus dem Regal.

»Bitte, hier sind die Vortragsankündigungen des DFD!«
Ich warf einen Blick auf das erste Plakat:
»Am kommenden Dienstag spricht Herr Küchenmeister Nies-
wurz von der HO-Gaststätte ›Magentrost‹ über das Thema ›Wie
kocht die werktätige Frau?‹. Anschließend läuft der Film ›Salz
der Erde‹. Eintritt frei!«
Das zweite Plakat sah folgendermaßen aus:
»Heute abend spricht Herr Architekt Grundfest über das Thema
›Moderner Baustil‹. Anschließend läuft der Film ›Das unheim-
liche Haus‹. Eintritt frei!«
Ich war sprachlos. Aber jetzt war es Herr Kümmel, der mich
zu beruhigen versuchte. »Das ist noch gar nichts«, sagte er.
»Sehen Sie sich mal dieses Plakat an!« Er legte mir ein Plakat
des Kulturbundes vor, das folgenden Wortlaut hatte:

»Mittwoch abend, 20 Uhr, spricht in der Aula
der Oberschule Herr Kammerjäger Motten-
tod über das Thema ›Ungezieferbekämpfung
im Dienste der Gesundheit‹. Anschließend

Der Sekretär betrachtete mich wie ein Weltwunder. Kommen Sie vom Mond? fragte er.

läuft der Film ›Keine Angst vor großen Tieren‹. Eintritt frei!«
»Herr Kümmel«, sagte ich seufzend. »Legen Sie die Plakate
weg!« Aber da schwenkte er schon wieder eins in der Hand.
»Ein Vortrag über Verkehrsunfälle!« rief er triumphierend. »Anschließend Film ›Miß Catastrophe‹.«
»Machen Sie Schluß«, flehte ich, als er mir schon wieder ein
neues unter die Nase hielt: »Die Vögel unserer Heimat« – anschließend Film »Star mit fremden Federn«. Ein Plakat nach
dem anderen ließ der eifrige Sekretär vor meinen Blicken passieren.
Bevor ich in einer Sintflut von Plakaten zu ersticken drohte,
raffte ich mich mit letzter Kraft zu der Frage auf: »Muß denn
wirklich im Anschluß an jeden Vortrag ein Film gezeigt werden?«
Herr Kümmel betrachtete mich wie ein Weltwunder. »Sagen
Sie mal, kommen Sie vom Mond? Der Film ist doch die Hauptsache!«
»Ich dachte, die Hauptsache sei der Vortrag?« stammelte ich.
»Haben Sie sonst noch einen Wunsch?« fragte der Sekretär.
»Ich möchte auch einen Vortrag anmelden«, sagte ich nach kurzer Überlegung, »das Thema lautet: ›Die Notwendigkeit film-
loser Vorträge‹, Referent: Ralph Wiener.«
»Ausgezeichnet«, rief Herr Kümmel, »da hätte ich einen wun-
derbaren Film: ›Wiener G'schichten‹!«

Eulenspiegeleien

Ein Ungar, ein Russe und ein DDR-Bürger fahren im Zug und streiten sich darüber, in welchem Land mehr Wohlstand herrsche. Der Ungar holt eine Salami aus der Tasche, beißt hinein und wirft den Rest zum Fenster hinaus. Auf erstauntes Fragen der anderen erklärt er: »Wir haben so viel davon, die können wir gar nicht alle essen!« Daraufhin holt der Russe eine Flasche Wodka, nimmt einen Schluck, wirft die Flasche zum Fenster raus und sagt: »Wir haben so viel davon, daß das Zeug in jedem Regal steht.« Da fährt der Zug durch einen Tunnel. Als es wieder hell wird, fragt der Ungar den DDR-Bürger verwundert, wo der Russe geblieben sei. Meint der: »Wir haben so viele davon ...«

»Die DDR hat sich in einen großen Wartesaal verwandelt.« – »Wieso?« – »Alle warten.« – »Worauf?« – »Auf die Einheit.«

E. R. Greulich

Erziehung etwas mißlungen

Am Backwarenstand der Lebensmittelabteilung drängte keine Schlange, nicht einmal ein Schlangenkopf. Die Verkäuferin ordnete Torten- und Kuchenstücke hinter Glas, das Lehrmädchen zählte Brote.

Eine ältere Dame kam und fragte höflich: »Bitte, haben Sie Kokosschnitten?«

Die beiden Kräfte hinter dem Ladentisch oblagen weiter ihrer aufreibenden Beschäftigung. Die Dame wiederholte ihre Frage.

»Gisa, du bist wat jefragt worden«, sagte die Verkäuferin.

»'n Oogenblick«, sagte Gisa und zählte weiter. Dann schrieb sie das Ergebnis auf. Säuberlich und in Schönschrift. Dann wandte sie sich ohne Hast um. »Wat wollten Sie?«

»Ich hatte nach Kokosschnitten gefragt«, sagte die Dame.

Gisa verbarg ihr Erstaunen nicht. »Wat issn det?«

Die Dame erläuterte: »Kuchen, so ähnlich wie Bienenstich.«

»Bienenstich ham wa auch nich.«

»Aber nein, ich wollte Kokosschnitten haben.«

Man muß seine Mitmenschen erziehen, wenn es besser werden soll.

Gisa, nun schon beleidigt, hob die Schultern gleichzeitig mit den Wimpern ihrer Kulleraugen. »Frau Tunsch, kennen Sie Kokosschnitten?«

Frau Tunsch schüttelte ihr graues Haupt, leise empört wie ein Tierwärter, den man gefragt hat, ob seine Löwen auch Haferflocken fressen. »Nie jehabt – nie jesehen!«

Ein bißchen traurig und ein wenig verwirrt sagte die Dame immer noch höflich: »Entschuldigen Sie, bitte!«

»Uff wat'se allet kommen«, resümierte Gisa, »ick gloobe, die Olle hat 'n Stich.«

Frau Sabine, disziplinierte Käuferin, bekam eine Anwandlung unerhörter Kühnheit. »Sie kennen keine Kokosschnitten? Die gibt es doch in jedem Bäckerladen.«

Gelassen fuhr Frau Tunsch fort, sorgfältig zu sortieren: »Na, denn wirdse die Frau ja kriejen!«

»Darum geht es nicht«, beharrte Frau Sabine, »aber wer höflich fragt, verdient höfliche Antwort.«

Nun sah die Verkäuferin drohend auf und hielt sogar in ihrer Beschäftigung inne. »Sie, soll ich mal unhöflich werden?«

Frau Sabine flüchtete und hörte noch, wie Gisa lachend kommentierte: »Ick gloobe, die Olle hat zwee Stiche!«

Zornbebend berichtete Sabine ihr Abenteuer Alex und bestürmte ihn, sofort darüber zu schreiben.

Der Journalist schüttelte den Kopf: »Du weißt, daß ich schlechte Verkaufskultur nicht mehr glossiere. Ich bin kein Hund, der immer den Letzten beißt. Die Ursachen liegen meist tiefer.«

»Du hast recht«, sagte Frau Sabine, »aber das ist vielmehr ein Jugend- und Erziehungsproblem als schlechte Verkaufskultur.« Das war ein Argument, mitten hinein ins Bewußtseinszentrum ihres Gatten. Er nickte gedankenschwer: »Man muß seine Mitmenschen erziehen, wenn es besser werden soll.«

Am Abend fuhren sie zum Tatort. Sabine bezeichnete dem Gatten jene erziehungsbedürftige Lehrkraft nebst diesem Lehrmädchen. Bald nach Feierabend betraten sie die Straße, und Alex ging, höflich den Hut lüpfend, auf sie zu: »Guten Abend, meine Damen, dürfte ich Sie einiges fragen? Ich bin Mitarbeiter einer Berliner Tageszeitung.«

Er bekam blendende Auskünfte: Gisa lerne ausgezeichnet. Die Lehrer in der Berufsschule seien ebenso mit ihr zufrieden wie die Objektleitung. Überhaupt sei Frau Tunsch die tüchtigste Kraft im Hause und Gisa die zweittüchtigste.

»So ungefähr habe ich es mir auch vorgestellt«, lobte Alex pfiffig, »darum hätte ich gern ihre Meinung über zwei Kolleginnen gehört.«

Wörtlich gab er die Szene vom Morgen wieder, überzeugt, am Ende der Lektion unserer Republik zwei Gebesserte geschenkt zu haben.

Doch die beiden blieben brüsk stehen. »Mööönsch, Sie können uns doch nicht veralbern«, fauchte Frau Tunsch, »Sie sind doch der Mann von der Ollen heute früh!«

Kurz drehten sie sich um und rauschten beleidigt von dannen. Alex hörte noch Gisas helle Mädchenstimme: »Der Olle hat bestimmt drei Stiche!«

»Ich möchte 15 m von diesem Stoff für meine Frau!« – »Oh, Ihre Frau ist wohl sehr stark.« – »Nein, sie schneidet das Kleid selbst zu.«

Lothar Kusche

Wie nennt man ein Kabarettprogramm?

Zwei Polizisten stehen im Schreibwarenladen. »Ich hätte gern«, sagt der erste, »ein Heft mit runden Kästchen.«
»Entschuldigen Sie, so etwas gibt es nicht!«
»Nee?«
»Nee, bedaure.«
Enttäuscht zieht er ab.
»Sie müssen schon verstehen«, sagt der zweite Polizist, »wir können uns die Leute nicht aussuchen, müssen nehmen, was wir kriegen!«
»Schon gut«, sagt die Verkäuferin. »Was darf's denn sein?«
»Ja, ich hätte gern nen Globus von der DDR.«

Ungeschriebenen Gesetzen zufolge sind die meisten Titel von Kabarettprogrammen wortspielerische Abwandlungen irgendwelcher bekannter Redensarten oder irgendwelcher Filmtitel oder Überschriften von Theaterstücken. Kein Mensch weiß warum, es ist aber so. Die Kabarettleute sind stolz, wenn sie so etwas ausgeknobelt haben wie: »Wer A sagt, muß auch Brettl sagen« oder »O wie hohl ist mir am Abend« oder »Verdampft in alle Ewigkeit« oder »Da liegt der Schund begraben« oder »Geschwader Rebenlaus« oder »Meine Frau macht Physik« …

Der Titel soll möglichst lustig sein und aktuell klingen, ohne jedoch zu irgendeinem bestimmten Programminhalt zu verpflichten; er soll vielversprechend sein, doch in einer Weise, die ihn nicht zwingt, irgend etwas zu halten. Tatsächlich ist es mit Kopfzerbrechen verbunden, so einen Titel auszutüfteln, und meistens werden eine Menge Zeit und Nerven gebraucht, bevor auf dem Plakat stehen kann: »Freitag Premiere des neuen Kabarettprogramms ›Eine Salbe macht noch keinen Sommer‹.«

Ich war selbst mal beim Kabarett engagiert, wenn ich auch inzwischen wegen meiner chronischen Einfallslosigkeit wieder hinausgeworfen worden bin. Herrschaften, diese Titel machen Arbeit. Das ist wie Holzhacken.

Eines Tages hatte der Direktor eine Idee, das nächste Programm müsse eine Rahmenhandlung haben. Und zwar sollten sich alle Szenen innerhalb eines Hotels abspielen, innerhalb eines Hotels, das allen unmöglichen und möglichen Typen, wie sie das Kabarett seit eh und je zu kritisieren pflegt, Unterschlupf gewährt. Eine Art Absteige für dunkle Existenzen aller Art.

»Nun«, sagte der Direktor zum Regisseur und zu mir, »müssen wir uns einen passenden Namen für das Hotel ausdenken. Ich schlage vor, wir treffen uns in drei Tagen wieder, und bis dahin überlegt sich jeder ein paar hübsche Namen. Dann haben wir gleich den Programmtitel.«

Da kann mir ja nichts passieren, dachte ich naiv, in drei Tagen werde ich wundervolle Titel ausdenken, einen immer schöner als den anderen. Über diese drei Tage möchte ich den Mantel des Schweigens breiten. Sie waren fürchterlich, ich wälzte mich schlaflos herum; tags und nachts fielen sinnlose Wortspiele

wie Alpdrücken über mich her. Am dritten Tag versammelten
wir uns wieder, wie verabredet. »Nu legt mal los«, sagte der Direktor, »fang an, Dicker.«

»Ja, ich weiß nicht recht«, stammelte ich, »vielleicht … Hotel
zum Mann im Mond? Oder: Hotel zu den drei Mondkälbern?«
Die anderen beiden verzogen keine Miene. »Na, dann werde
ich mal meine Vorschläge vorlesen«, sagte der Regisseur, »ihr
könnt ja was Geeignetes aussuchen: Pachulkes Grand-Hotel
(Fließend kalte und warme Brüder) – Hotel zur Schandprome-
nade – Zur höchsten Eisenbahn – Haus Alle Wetter – Verdam-
michs Kurhotel – Schlawiners Ruh –Stänkersberger Hof – Haus
Sesam bleib zu – Zum Arsch der Welt – Logierhaus Fauler
Kopp – Zum unsicheren Kantonisten …«

Der Regisseur holte Luft, der Direktor blickte teil-
nahmslos vor sich hin, ohne ein Wort zu sagen. Da
holte ich mit dem Mut der Verzweiflung meinen Zettel aus der Tasche und verlas folgende Vorschläge:
»Zur Trüben Aussicht – Zum Dicken Hund – Zum Zahn
der Zeit – Hotel perdu – Gasthaus am Verschieber-
bahnhof – Speckjägers Hof …« Der Direktor hatte
keine Miene verzogen. Der Regisseur blätterte in seiner Mappe und sagte: »Hier habe ich noch 'n paar Vorschläge: Haus Silberblick – Zum Kanaillenvogel – Zur
Rostkutsche …« – »Oder«, unterbrach ich ihn, »man

könnte auch sagen: Dickelufts Logierhaus – Zum stei-
fen Hecht – Wirtshaus Kuckucksei – Pension Mauseloch – Hotel
Graf Koks – Zwielichters Restaurant – Pension Nieselpriem …«
Der Regisseur wischte sich den Schweiß von der Stirn und
stammelte: »Das letzte Haus am Platze! Fließend warmes Bier!
Altweibersommergarten geöffnet! Ausschank zum Weinen in
dem bekannten Unratskeller! Frisiersalon und Puff im Hause!
Saal für Unpäßlichkeiten, Pilsener Barbier stets am Lager, jeden
Karfreitag Schlachtfest von eigenen Katzen, solide Überpreise!«
Dann brach er zusammen. Der Direktor sah erstaunt auf. »Der
hat wohl einen Kater, was?« fragte er und half mir, den Regis-
seur aufs Sofa legen. Dann setzten wir uns und schwiegen.
»Ja, ja«, sagte der Direktor nach endlos erscheinenden Minu-
ten, »überlegt euch mal noch 'n paar Titel.« Damit stand er auf
und verabschiedete sich. »Na Kopf hoch, Leute«, sagte er an der
Tür, »wir werden schon noch irgendwas Nettes finden.«

Wir fanden den Titel. Er lautete: »Alle Jahre Flieder.« Das hatte
nichts mit dem Programm zu tun und auch nichts mit der Rahmenhandlung. Aber ich sagte ja schon: Das ist gar nicht nötig.

Erich Hanko

Der Gewaltige

Feierliche Tempelstille herrscht in der Abteilung Wohnraumlenkung beim Rat der Stadt Delitzsch. Auf leisen Sohlen nur huschten die mehr oder weniger fest angestellten Sklaven des Heiligtums durch die Räume. Denn im Allerheiligsten saß der Oberwohnraumlenkungsleiter Hennig I., auch ›der Einzige‹ genannt, wie aus Marmor gemeißelt auf seinem Stuhl und dachte über Wohnraumlenkung nach. Immer nur über Wohnraumlenkung. Tagelang, wochenlang, monatelang. Fürwahr, ein schweres Amt! Der gesamte Wohnraum der Stadt Delitzsch lastete auf seinen beiden Schultern und mußte von ihnen gelenkt werden. Zwar gab es noch untergeordnete Organe in der Stadt, die dem Wohnraumlenkungsleiter bei der Lenkung helfen sollten. Zum Beispiel die ehrenamtlichen Wohnungsbezirks-Ausschüsse. Aber das waren nur schwache, sterbliche Menschen, dem Irrtum unterworfen, von Leidenschaften, Vorurteilen und anderen Schwächen hin- und hergeworfen. Was waren sie im Vergleich mit der unendlichen Weisheit der Gottheit, die dort in ihrem Stuhl saß und den Wohnraum lenkte?

Ein dumpfer Gong ertönte. Der Tempeldiener Meier trat ein, warf sich zu Boden und berührte mit der Stirn den Teppich des Innersten Heiligtums.

»Ist Post eingegangen?« fragte die Gottheit.

»Sie wird noch sortiert, Erhabener«, flüsterte Meier. »Aber draußen wartet der Wohnungs-Ausschuß des 7. Stadtbezirks und bittet um gnädiges Gehör.«

Das Gesicht des Wohnraumlenkungsleiters blieb unverändert. Er war gegen Schicksalsschläge immun.

»Sie sollen eintreten«, sagte er mit einer Stimme, die gewohnt war, Menschengeschicke zu entscheiden.

Sie traten ein, kreuzten demütig die Arme über der Brust, senkten die Köpfe, um dem Blick des Gewaltigen nicht zu begegnen, und harrten stumm der Anrede.

»Was ist schon wieder los?« drang es von des Höchsten Sitz.

Der Sprecher des Ausschusses räusperte sich respektvoll und begann: »Es handelt sich um die Wohnung des Elektrikers Ziegler in der Rosmaringasse 17, Euer Gnaden. Sie ist zu klein. Es sind drei Kinder da, und es sind noch mehr zu erwarten.«

Der Wohnraumlenkungsleiter saß auf seinem Stuhl und schwieg. Niemand konnte seine Gedanken erraten. Nach einer

Kann man den Mittelpunkt des Kreises berechnen? Nein. Der Mittelpunkt des Kreises ist der Rat des Kreises, und der ist unberechenbar.

ehrfurchtsvollen Pause fuhr der Sprecher fort: »In der Breiten
Straße Nummer 4 wohnt der pensionierte Postbeamte Müller
mit seiner Frau. Beide sind über 70 und kinderlos. Ihre Wohnung ist doppelt so groß wie die des Elektrikers Ziegler. Ließe
sich da nicht ein Wohnungstausch vornehmen, Großer Meister
über alle Wohnungen von Delitzsch?«

Der Große Meister schwieg immer noch. Sein Blick war in die
Ferne gerichtet. Gegenwart, Vergangenheit und Zukunft er-·
wog er und ließ sie mühelos an seinem geistigen Auge vorüber-
gleiten. Naturgesetze tauchten vor ihm auf, Geheimnisse der
menschlichen Vermehrung, die
sterblichen Augen bisher noch
verborgen waren. Er dachte an
Noah – oder war es ein anderer
Stammvater der Menschheit? –,
dem mit 153 $\frac{1}{2}$ Jahren noch
Söhne geboren wurden. Da lächelte er, der Wohnraumlenkungsleiter, und öffnete seinen
Mund folgendermaßen: »Das
pensionierte Postbeamtenehe-
paar Müller bleibt in seiner Wohnung bis zu dem Zeitpunkt, da
mit Fug und Recht keine weitere Vermehrung der Familie mehr
zu erwarten ist. Wann dieser Zeitpunkt eintritt, werde ich durch
angestrengtes Meditieren ermitteln. An den Elektriker Ziegler
werde ich mich zu gegebener Zeit erinnern. – Ich habe gesprochen. Nun geht!«

Von ehrfürchtigen Schauern geschüttelt zog sich der ehrenamtliche Wohnungsbezirks-Ausschuß rückwärts zurück und pries
draußen auf dem Korridor mit lauter Stimme die unfaßbare
Weisheit des Lenkers aller Wohnungen der Stadt Delitzsch.
Er ist ein wahrer Lenker.

Immer mild, immer gütig, immer verständnislos für die Vorschläge der Ausschüsse. Nur einmal hat man ihn zornig werden sehen. Das war, als ein Unkundiger ihn eines Tages fragte, welchen Zweck die Wohnungsbezirks-Ausschüsse überhaupt haben.

Da blitzten die Augen des Gewaltigen, und er schleuderte dem
Frevler die Worte entgegen: »Damit die breiten Schichten der
Bevölkerung an der Regelung ihrer Angelegenheiten verant-
wortlich mitarbeiten können!«

*»Sie verdienen zu
wenig, meinen Sie? Ja,
ist Ihnen der Titel ›Mei-
ster‹ denn nicht schöner
Lohn genug?«*

Zeittafel

1951

Fritz Selbmann

1. Januar	Der erste Fünfjahrplan wird in Angriff genommen. Symbolischer Akt ist die Grundsteinlegung für den Hochofen im Eisenhüttenkombinat Ost durch Minister Fritz Selbmann.
2. Januar	Grundsteinlegung für das Edelstahlwerk Freital.
11.-14. Januar	Die I. DDR-Meisterschaften im Wintersport für Junge Pioniere finden in Oberhof statt.
15. Januar	Bundeskanzler Adenauer lehnt den Vorschlag von Ministerpräsident Grotewohl ab, einen Gesamtdeutschen Konstituierenden Rat zu bilden.

Ein Schwarm Zugvögel fliegt über die DDR. Einer stürzt ab und landet auf einer Wiese. Eine Kuh läßt einen dicken Fladen auf seinen Kopf fallen. Am nächsten Tag hat er seinen Kopf befreit und beginnt zu zwitschern und zu trällern. Da stößt ein Habicht herab, zerrt ihn aus der Scheiße und frißt ihn auf.
Was lehrt diese Geschichte?
Nicht jeder, der auf uns scheißt, ist unser Feind; nicht jeder, der uns aus der Scheiße holt, ist unser Freund; und wenn man in der Scheiße steckt, soll man nicht zwitschern.

Friedrich Ebert

19. Januar	Bildung des Staatssekretariats für Hochschulwesen. Einheitliche Leitungen und das zehnmonatige Studienjahr werden festgelegt, Marxismus-Leninismus und Russisch als Pflichtfächer eingeführt.
21. Januar	Deutsche Erstaufführung von Pogodins »Das Glockenspiel des Kreml« am Staatstheater Dresden, Regie Martin Hellberg.
22. Januar	Friedrich Ebert, Oberbürgermeister von Berlin, wird zum Präsidenten der Gesellschaft für Deutsch-Sowjetische Freundschaft gewählt.
23.-28. Januar	DDR-Jugendmeisterschaften im Wintersport in Altenberg-Geising.
31. Januar	Appell der Volkskammer an den Bundestag: »Deutsche an einen Tisch.«
1. Februar	Die freiwillige Schutzimpfung gegen die Volkskrankheit Tuberkulose beginnt.

23. Februar	Die Rationierung von Schuhen und Textilien wird aufgehoben.
17. März	Die Uraufführung der Oper »Das Verhör des Lukullus« von Brecht/Dessau wird in der Berliner Staatsoper mit Ovationen gefeiert, aber nach wenigen Vorstellungen abgesetzt. Das Zentralkomitee der SED beschließt den Kampf gegen den »Formalismus« in Kunst und Literatur.
25. März	Erika Fuchs gewinnt das erste Straßenradrennen für Frauen in der DDR.
22. April	Gründung des Nationalen Olympischen Komitees im Roten Rathaus in Berlin, Präsident wird Leichtathlet Kurt Edel, Generalsekretär Heinz Dose.
26. April	Der Ministerrat der DDR überträgt die Leitung und Kontrolle der Sozialversicherung dem Freien Deutschen Gewerkschaftsbund. Die Sozialversicherungsanstalten der Länder werden aufgelöst.
27. April	»Deutsches Sportecho« kürt nach Umfrage die Fußballer Fritz Gödicke und Werner Oberländer zu den »populärsten Sportlern«.
4. Mai	Beschluß des Ministerrats, zukünftig den 12. Juni als »Tag des Lehrers« zu begehen.

> Was bedeutet »HO«?
> Hungernde Ostzone.

Paul Dessau

> Eine Schulklasse hat Wandertag und spaziert durch den Wald. Da springt ein Eichhörnchen von Baum zu Baum. Der Lehrer fragt: »Nun, Kinder, wie heißt dieses Tier?« Keiner weiß es. Die Lehrerin: »Ihr müßt doch wissen, wie das Tier heißt. Wir haben in den letzten vier Wochen so oft darüber gesprochen.« Da meint Fritzchen: »Mal ehrlich, soll das Lenin gewesen sein?«

5. Mai	120 Teilnehmer besuchen die erste Sportärzte-Tagung der DDR.
8. Mai	Anerkennung des NOK für Deutschland (BRD) durch das IOC auf seiner 45. Tagung in Wien. Ablehnung der Anerkennung des NOK der DDR, Forderung eines gesamtdeutschen Olympischen Komitees.
11. Mai	Premiere des Kinofilms »Das Beil von Wandsbek« nach Arnold Zweig. Der Film wird nach wenigen Tagen verboten.
16. Mai	Eröffnung des ersten deutschen Kulturkongresses mit Teilnehmern aus beiden deutschen Staaten in Leipzig.
26. Mai	An der Rostocker Universität wird die Schiffbautechnische Fakultät in Anwesenheit von Wilhelm Pieck eröffnet.

> Was ist ein Drei-Siebentel-Witz?
> Wer ihn erzählt, bekommt sieben Jahre Bautzen. Wer zuhört, hat nur mit drei Jahren zu rechnen.

Wolfgang Heinz

3. Juni	DDR-Sportler nehmen zum ersten Mal am Internationalen Eifelrennen auf dem Nürburgring teil.
4. Juni	Alfred Kantorowiczs Stück »Die Verbündeten« wird an den Berliner Kammerspielen uraufgeführt, Regie Wolfgang Heinz.
5. Juni	Der Zentralrat der FDJ übergibt unter Vorsitz von Erich Honecker sein »Stalin«-Aufgebot in Vorbereitung der Weltjugendfestspiele. Hauptinhalt ist die Verpflichtung zur Planerfüllung.
26. Juni	Die Bundesregierung verbietet die sozialistische »Freie Deutsche Jugend« (FDJ) und begründet das Verbot mit ihrer Verfassungswidrigkeit.
12. Juli	Die Arbeitsämter werden abgeschafft.

> Worin besteht der Unterschied zwischen einem VEB und einem Irrenhaus?
> Im Irrenhaus ist wenigstens die Leitung normal.

> Was ist der Unterschied zwischen einem Kommunisten und einem Kapitalisten?
> Der Kommunist hat das Kommunistische Manifest gelesen, der Kapitalist hat es verstanden!

3. August	Das erste Stalin-Denkmal wird in Berlin enthüllt.
5. August	In Leipzig eröffnet die zweite Pioniereisenbahn der DDR.
5.-19. August	Die »III. Weltfestspiele der Jugend und Studenten« finden erstmals in Ost-Berlin statt. Es nehmen rund 2 Millionen Jugendliche aus beiden Teilen Deutschlands und 26 000 Delegierte aus 104 Ländern an den politischen, sportlichen und kulturellen Veranstaltungen teil.
16. August	Der Ministerrat beschließt die Gründung eines »Amtes für Literatur« zu Erteilung von Druckgenehmigungen.
24. August	Laut Ministerratsbeschluß vom 22. Februar wird der obligatorische Studentensport an allen Universitäten und Hochschulen der DDR zunächst für die beiden ersten Semester angeordnet.
31. August	DEFA-Filmpremiere »Der Untertan« nach Heinrich Mann von Wolfgang Staudte. Der Film erhält auf dem Filmfest in Karlovy Vary einen Sonderpreis.
15. September	Appell der DDR-Volkskammer an den Bundestag, gesamtdeutsche Beratungen der Vertreter Ost- und Westdeutschlands über die Abhaltung gesamtdeutscher Wahlen und den Abschluß eines Friedensvertrags durchzuführen.
19. September	Nach achteinhalb Monaten Bauzeit wird der erste Hochofen des Eisenhüttenkombinats Ost angeblasen, bis 1954 folgen 5 weitere.

> »Schon gehört, in der DDR soll jetzt zweilagiges Toilettenpapier eingeführt werden?«
> »Wieso denn das?«
> »Weil man für jeden Scheiß ein Duplikat braucht.«

| 20. September | In Berlin wird das Interzonenhandelsabkommen zwischen der Bundesrepublik Deutschland und der DDR (Berliner Abkommen) unterzeichnet. |

27. September	Zwischen der DDR und der Sowjetunion werden Handelsabkommen für die Jahre 1952-55 und ein Abkommen über die wissenschaftlich-technische Zusammenarbeit geschlossen.
8. Oktober	Preissenkungen für Textilien und Backwaren werden eingeleitet.
15. Oktober	In Calbe wird der erste Niederschachtofen der Welt in Betrieb genommen.

Martin Flörchinger

> Fragt der Betriebsdirektor den Fahrer, warum er ohne Ladung zurückkommt. »Ist doch klar, Chef, ich stehe im Leistungslohn, da habe ich keine Zeit zum Auf- und Abladen.«

17. Oktober	Gründung der Deutschen Akademie der Landwirtschaftswissenschaften.
24. Oktober	Auf der Jahreshauptversammlung des Deutschen PEN-Zentrums spaltet sich die bisher gesamtdeutsche Schriftstellervereinigung in ein PEN-Zentrum Ost, ein PEN-Zentrum West.
1. November	Die Volkskammer beschließt das Gesetz über den Fünfjahrplan 1951-1955.
7.-8. Dezember	Gesamtdeutsche Sportkonferenz in Berlin mit 700 Teilnehmern.
14. Dezember	DEFA-Filmpremiere »Die Meere rufen« mit Kurt Jung-Alsen und Martin Flörchinger.
21. Dezember	Eröffnung des Zentraltheaters Magdeburg mit Ernst Fischers »Der große Verrat«, ein Stück über den Bruch Titos mit Stalin.
22. Dezember	Das »Nationale Komitee für den Neuaufbau Berlins« konstituiert sich im Rahmen des »Nationalen Aufbauwerks«.

1951 verlassen 165 648 DDR-Bürger das Land.

Torschützenkönig der Oberliga:

Hans Schöne von der BSG Rotation Babelsberg mit 38 Treffern

neue Bücher:

Stephan Hermlin »Die erste Reihe«

Erich Weinert »Memento Stalingrad«

Erwin Strittmatter »Ochsenkutscher«

Eduard Claudius »Menschen an unserer Seite«

Liselotte Welskopf-Henrich »Die Söhne der großen Bärin«

Oberliga-Plazierung 1951

1. Chemie Leipzig
2. Turbine Erfurt
3. Motor Zwickau
4. SG Volkspolizei Dresden
5. Aktivist Brieske-Ost
6. Turbine Halle
7. Rotation Babelsberg
8. Stahl Thale
9. Motor Dessau
10. Fortschritt Meerane
11. Stahl Altenburg
12. Rotation Dresden
13. Motor Gera
14. Lokomotive Stendal

1952

Auf der Parteischule wird die Geschichte der Großen sozialistischen Oktoberrevolution durchgenommen. Der Dozent fragt die Genossen, ob sie die aufgegebene Pflichtlektüre studiert haben. Alle bejahen eifrig. Da meldet sich aufgeregt der Genosse Schulze: »Genosse Dozent, ich habe die Geschichte der KPdSU (B) von vorne bis hinten gelesen. Aber in keiner Bibliothek und in keinem Buchladen konnte ich Teil A erhalten.«

1. Januar	Beginn des Nationalen Aufbauwerks in Berlin. Sonntag, der 2.1., ist der erste zentral organisierte Aufbausonntag. 50 000 Berliner räumen um den Strausberger Platz herum die Trümmer weg.
1. Januar	Gründung des Staatlichen Ensembles für sorbische Volkskunst.
4. Januar	»Barlachs Bauern sind dumpfe, tölpelhafte Urwaldbären«, schreibt das Neue Deutschland zu einer Ausstellung der Akademie der Künste.
9. Januar	Die Volkskammer verabschiedet einen Gesetzentwurf für die Durchführung von Wahlen zur Nationalversammlung.
18. Januar	DEFA-Filmpremiere »Roman einer jungen Ehe« von Kurt Maetzig.
19. Januar	Richtfest des in Ziegelbauweise errichteten Hochhauses an der Weberwiese in Berlin.
3. Februar	DDR-Ministerpräsident Otto Grotewohl legt den Grundstein für den Bau der Stalinallee.
1. März	Die »Junge Welt« erscheint ab sofort als Tageszeitung.
9. März	Die BSG Stahl Hennigsdorf gewinnt in Leipzig die I. DDR-Meisterschaft im Rugby.
10. März	Die UdSSR unterbreitet in einer Note an die Westmächte den Entwurf eines Friedensvertrages (Stalin-Note).

Stalin besucht ein Kino. Am Ende des Films wird sein Bild eingeblendet und die Sowjethymne gespielt. Alle stehen auf. Stalin ist gerührt, sitzend beobachtet er die Szene. Da tippt ihn der Mann hinter ihm auf die Schulter: »Bitte, Genosse, wir haben alle die gleichen Gefühle wie Sie, aber es ist viel ungefährlicher, wenn Sie aufstehen!«

15./16. März	In Berlin werden gesamtdeutsche Tischtennismeisterschaften ausgetragen.
17. März	Anordnung zur Schaffung von Kulturräumen und Kulturhäusern in den Gemeinden.
19. März	Die Schriftstellerin Anna Seghers wird in Moskau mit dem Internationalen Friedenspreis der UdSSR ausgezeichnet.
16. April	Das Institut für deutsche Sprache und Literatur an den Akademie der Wissenschaften nimmt seine Tätigkeit auf.

Heinrich Rau

25. April	Eröffnung einer Leonardo da Vinci-Ausstellung in Berlin anläßlich seines 500. Geburtstages.
29. April	Stapellauf des ersten Hochseehandelsschiffes der DDR in Rostock.
1. Mai	Die Sowjetunion übereignet der DDR das Simson-Werk in Suhl.
1. Mai	Der VEB Schwermaschinenbau Wildau erhält den Namen des Vorsitzenden der Staatlichen Plankommission und späteren Ministers für Maschinenbau, Heinrich Rau.
1.-13. Mai	Zum ersten Mal führt die Friedensfahrt durch die DDR; die sechs DDR-Sportler belegen den dritten Platz in der Mannschaftswertung.
8. Mai	Die Regierung kündigt den Aufbau nationaler Streitkräfte an.
10. Mai	Der Autorennfahrer Paul Greifzu aus Suhl verunglückt beim Training auf der Dessauer Schleife tödlich.
17. Mai	In Anwesenheit Walter Ulbrichts wird in Leipzig der Grundstein für den Bau der Deutschen Hochschule für Körperkultur gelegt.
22.-25. Mai	Auf dem dritten deutschen Schriftstellerkongreß in Berlin konstituiert sich der »Deutsche Schriftstellerverband« als eigenständige Institution. Präsidentin: Anna Seghers.
25. Mai	Premiere von Benno Bessons erster eigenständiger Regiearbeit in der DDR, Molières »Don Juan«, am Volkstheater Rostock.
26. Mai	An der Demarkationslinie zur Bundesrepublik wird eine 5-Kilometer-Sperrzone geschaffen.
3. Juni	Vertrag zwischen der Sowjetunion und der DDR über die Rückgabe von 66 SAG-Betrieben.
3. Juni	Britische Militäreinheiten und West-Berliner Polizei blockieren den Deutschlandsender, der in der Westberliner Masurenallee steht.
8. Juni	24 Neubauern gründen in Merxleben bei Bad Langensalza die erste LPG.
13.-15. Juni	In Altenburg finden die I. DDR-Meisterschaften im Fechten statt.
14. Juni	In Lauchhammer nimmt die erste Braunkohlen-Großkokerei der Welt die Arbeit auf.

Benno Besson

Beratung im Politbüro, wie der Wert der Mark der DDR gehoben werden kann.
1. Vorschlag: Ein Loch reinbohren und mit Gold füllen.
2. Vorschlag: Zwei Löcher reinbohren und mit Gold füllen.
3. Vorschlag: Drei Löcher reinbohren und mit Silber füllen. Da meldet sich der Leiter der Staatlichen Plankommission: »Wir bohren vier Löcher in die Mark und verkaufen sie als Knopf für 1,60 Mark.«

Stalin hält seine
Rede ans Volk. Plötz-
lich hustet jemand.
Stalin: »Wer war
das?« Eisernes
Schweigen. Stalin:
»Genosse Berija, er-
schießen Sie alle,
die in der ersten
Reihe stehen.« Nach
den Schüssen erneut
Stalin: »Wer war
das?« Weiter Schwei-
gen. Stalin zu Berija:
»Lawrentij, erschie-
ßen Sie die zweite
Reihe.« Da meldet
sich ein Mann, zit-
ternd vor Angst:
»I...i...ich...« Darauf
Stalin: »Gesundheit,
Genosse!«

28. Juni	Erhöhung der Löhne und Gehälter für Facharbeiter und An-gehörige der Intelligenz.
5. Juli	Beginn der ersten Händel-Festspiele in Halle und damit der Händel-Renaissance in der DDR.
6. Juli	Feierliche Eröffnung des »Museums für Deutsche Geschich-te« im Zeughaus in Berlin.
9.-12. Juli	Die II. Parteikonferenz der SED tagt in der Werner-Seelen-binder-Halle und beschließt die »planmäßige Errichtung der Grundlagen des Sozialismus in der DDR«. Die Kollek-tivierung der Landwirtschaft wird eingeleitet und der Vor-rang der Schwerindustrie festgelegt.

Eine Delegation der Kannibalen besucht die DDR. Nach der Rückkehr berichten die Mitglieder ihrem Chef, daß er mit der DDR unbedingt diplomatische Beziehungen aufnehmen soll. Der fragt:
»Und warum gerade mit der DDR?« – »Dort ist eine befreundete
Partei an der Macht. Auf ihrem Emblem begrüßen sich zwei abge-
hackte Hände.«

19. Juli - 3. August	DDR-Sportler nehmen nicht an XV. Olympischen Som-merspielen in Helsinki teil, da das NOK der BRD eine aus beiden deutschen bestehende Olympiavertretung ablehnt.
23. Juli	Das Gesetz über die »Demokratisierung des Aufbaus und der Arbeitsweise der staatlichen Organe« sowie die Auf-hebung der Länder und die Neugliederung der DDR in 14 Bezirke und 217 Kreise tritt in Kraft.

Bei der Weiterbil-
dung der LPG-Bau-
ern fragt der Dozent:
»Wieviel Ökonomen
werden gebraucht,
um eine Kuh zu mel-
ken?« Meldet sich
ein Bauer: »44« –
»Wieso?« fragt der
Ökonom. Der Bauer:
»4 Ökonomen halten
die Zitzen, und 40
bewegen die Kuh
rauf und runter.«

24. Juli	Der Ministerrat der DDR beschließt Vergünstigungen für Landwirtschaftliche Produktionsgenossenschaften (LPG).
24. Juli	Manfred Ewald wird Vorsitzender des neugegründeten Staatlichen Komitees für Körperkultur und Sport.
7. August	Gründung der Gesellschaft für Sport und Technik.
14. August	Gründung des »Staatlichen Rundfunkkomitees« als zen-trales Leitungsorgan aller Sender der DDR.
18.-25. August	Rund 60 000 Kinder nehmen am 1. Pioniertreffen teil. Am 23. August erhält die Pionierorganisation den Namen »Ernst Thälmann«.
1. September	In Berlin, Leipzig, Brandenburg und Halberstadt werden die ersten Kinder- und Jugendsportschulen eröffnet.
19. September	Eine Delegation der Volkskammer wird von Bundestagsprä-sident Hermann Ehlers in Bonn empfangen, weitere Kon-takte der Regierungen kommen nicht zustande.

21. September Im ersten Länderspiel der DDR-Fußball-Nationalelf unterliegt die Mannschaft 0:3 gegen Polen.

2. Oktober Die Volkskammer verabschiedet das »Gesetz über die Verfassung der Gerichte«. Mit dieser ersten Justizreform wird die Gerichtsverfassung von 1879 aufgehoben.

7. Oktober Neue Uniformen und militärische Dienstgrade für die Kasernierte Volkspolizei werden eingeführt.

> Was ist der kleinste Bauernhof der DDR?
> Ein Auto der Volkspolizei: Hinten der Hund, vorne die Bullen und in der Mitte das arme Schwein!

14./15. Oktober Festakt zu Ehren des 100. Todestages von Friedrich Ludwig Jahn und Eröffnung des Jahn-Museums in Freyburg.

23. Oktober Auf Anweisung des Ministerrats wird das »Deutsche Rote Kreuz der DDR« gegründet.

30. Oktober Eröffnung des Maxim-Gorki-Theaters Berlin (Intendant Maxim Vallentin) mit Lawrenjows »Für die auf See«.

16. November Der Verkauf von Fernsehgeräten – Typ »Leningrad«, gebaut im Sachsenwerk Radeberg – beginnt.

8. Dezember Ministerpräsident Grotewohl konstatiert Versorgungsprobleme bei den Grundnahrungsmitteln.

Erich Loest

> Fragt eine Frau einen Volkspolizisten: »Kannst du mir sagen, wie ich zum Kaufhaus Prinzip komme?« – »Nein, bedaure, ich habe noch nie von einem solchen Kaufhaus gehört.« Sagt die Frau: »Aber Walter Ulbricht hat gesagt, im Prinzip gibt es alles.«

19. Dezember Einführung des obligatorischen Sportunterrichts in allen Berufsschulen auf Beschluß des Ministerrates.

21. Dezember Aufnahme des offiziellen Fernseh-Versuchsprogramms; die erste »Aktuelle Kamera« wird vom Fernsehzentrum Berlin-Adlershof ausgestrahlt.

1952 verlassen 182 393 DDR-Bürger das Land.

Oberliga-Plazierung 1952
1. Turbine Halle
2. SG Volkspolizei Dresden
3. Chemie Leipzig
4. Rotation Dresden
5. Motor Zwickau
6. Rotation Babelsberg
7. Wismut Aue
8. Turbine Erfurt
9. Aktivist Brieske-Ost
10. Lokomotive Stendal
11. Motor Oberschöneweide
12. Motor Dessau
13. Stahl Thale
14. Motor Gera

Torschützenkönig der Oberliga:

Rudolf Krause von der BSG Chemie Leipzig und Kurt Weißenfels von der BSG Lokomotive Stendal mit je 27 Treffern

neue Bücher:

Erich Loest
»Die Westmark fällt weiter«

Hans Marchwitza
»Die Heimkehr der Kumiaks«

Karl Mundstock
»Helle Nächte«

Ludwig Turek
»Anna Lubitzke«

Wolfgang Schreyer
»Großgarage Südwest«

Nachweise

Die Karikaturen stammen von
Horst Alisch: 75 u.; Willy Beier: 87 m.; Alfred Beier-Red: 17; Fritz Berger: 61 u.; Harry Berein: 73; Herluf Bidstrup: 19, 111; Heinz Bramke: 15; Henry Büttner: 28; Benno Butter: 56; Peter Dittrich: 30, 85; Erika Engel-Wojan: 97; Ursula Gerlach: 95; Erich Goldmann: 99m., 107; Eberhard Holz: 88; Alfred Holzhey: 91; Kurt Klamann: 26/27, 31 m., 41, 42, 59, 61 m., 69, 75 (o., 2), 81, 99 o., 105, 115; Siegfried Kranl: 48, 51; Harald Kretzschmar: 120, 121, 122, 123, 124, 125, 127; Jacques Karl Martin: 92; Willy Moese: 84, 117; Fritz Mücke: 35, 55, 102; Werner Müller: 53; Harri Parschau: 11, 24, 31 o., 40, 44, 45, 63, 65; Rolf Pester: 86; Lothar Piotrowski: 77, 87 u., 98; Gerhard Radestock: 103; Louis Rauwolf: 49; Peter Reimann: 39, 87 o., 89; Gerhard Renkewitz: 79; Rudi Riebe: 20; Paul Rosié: 64; Horst Schrade: 13; Karl Schrader: 68; Georg Wilke: 61 (o., 2), 199

Für die freundliche Genehmigung zum Abdruck danken wir den Autoren, Zeichnern und Erben. Herluf Bidstrup: VG-Bildkunst, Bonn 2009. Nicht in allen Fällen ist es uns gelungen, Rechteinhaber und Rechtsnachfolger zu ermitteln. Berechtigte Honoraransprüche bleiben gewahrt.

ISBN 978-3-359-02256-5

© 2010 Eulenspiegel Verlag, Berlin
Umschlaggestaltung: Buchgut, Berlin, unter Verwendung eines Motivs von ullstein bild
Druck und Bindung: Salzland Druck, Staßfurt

Ein Verlagsverzeichnis schicken wir Ihnen gern:
Eulenspiegel · Das Neue Berlin Verlagsgesellschaft mbH & Co. KG
Neue Grünstr. 18, 10179 Berlin
Tel. 01805/30 99 99
(0,14 Euro/Min., Mobil max 0,42 Euro/Min)

Die Bücher des Eulenspiegel Verlags
erscheinen in der Eulenspiegel Verlagsgruppe.

www.eulenspiegel-verlag.de